大是文化

做股票
就像穿藍白拖

8年級操盤手的下單全圖解，抽抽樂、季季配、
吃喝玩樂，加上6字訣，你下單的手再也不發抖。

畢業3年就被法人挖角的8年級操盤手
藍白拖主力——著

我從 3 萬元本金，到成為上億元操盤手的交易思維

分析自己的屬性：
你有、你能、你要

確定交易種類：
現股、融資、融券

制定策略：
長期投資、波段交易、
搶短線、當沖

選定標的：
食品原料、飲料、
超商、高鐵……

設定停損點

進場

情況如何？

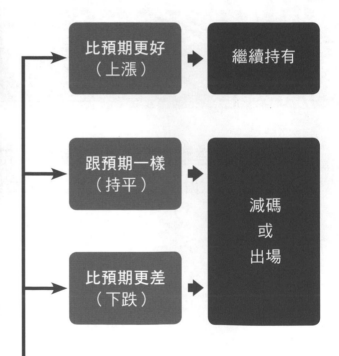

比預期更好
（上漲） ▶ 繼續持有

跟預期一樣
（持平）

比預期更差
（下跌）

減碼
或
出場

找買賣點有 3 種方法，
懂一種就夠！

如何看懂股票漲跌？

基本面分析

- 三大財務報表判讀（損益表、資產負債表、現金流量表）。
- EPS（每股盈餘）：每一股賺了多少錢。
- ROE（股東權益報酬率）：公司利用資產淨值產生獲利的能力，數值越高越好。
- P/E（本益比）：用來判斷股價現在是便宜或昂貴的依據，數值越低越好。

（參見第 149 頁）

技術面分析

- 圖形類技術分析：K 線判讀。
- 數值類技術分析：均線、成交量、隨機指標、平滑異同移動平均線。

（參見第 159 頁）

籌碼面分析

- 分點籌碼：觀察證交所和櫃買中心公告的每檔股票，在各個分點的進出價位與張數。
- 法人籌碼：觀察三大法人（外資、投信、自營商）買賣交易數字。

（參見第 177 頁）

CONTENTS

第 2 章

滿 20 歲那年，我給自己的生日禮物

推薦序一
投資永遠不缺標的，
缺的是如何擬訂策略

「小資進行式」臉書粉專版主／Hank

　　大家好，我是 Hank，非常榮幸能替這本《做股票就像穿藍白拖》寫序。閱讀本書時，我有深深的相見恨晚的共鳴，如果當時有人能告訴我這些理財知識該有多好。我從踏入投資開始，基本上就是走在一條顛簸的道路上，經過幾次陣痛期，才找到適合自己的投資風格。現在回頭看才發現，當時的自己對於投資這件事完全沒有概念，只知道要低買高賣。

　　回首 2022 年是不平靜的一年，多少 2021 年的少年股神紛紛高唱驪歌，從市場畢業離開。經營自媒體的我，也偶然在 2022 年的下跌段，收到網友來訊要借錢，希望我能夠幫忙度過違約交割的窘境。我當然沒有幫他，但仍不禁在心裡想：究竟是誰給他的勇氣，讓他敢做出超出自己能力的交易？

　　我們甚至可以在「2022 年臺灣金融生活調查」發現，20 ～ 29 歲的年輕族群中，有 4 成的人處於金融文盲的狀態。這些狀況都讓我開始思考：現在開戶與交易如此方便，想要進入投資市場難度真的不高，但又有多少人真的具備基礎的投資知識？

在我看來，具備投資知識是翻轉人生的基礎，想要在投資領域有所成就，沒有任何一蹴可幾的方法，唯有具備扎實的基本功，你才能在投資市場上有所收穫。而「淺顯易懂」是我想替這本書下的註解，期許你靜下心給自己一個下午的時間，翻閱這本《做股票就像穿藍白拖》，對於敲開投資大門這件事，必定有所幫助。

但投資僅有知識仍然不夠，就如同投資一間公司，你會發現有些人能夠賺錢，有些人卻輸了一大筆，為何會有這樣的差異？追根究柢，並不是投資知識不足，而是無法將知識轉化為策略，進而在對的時間做對的事。

因此，除了基礎理財知識，本書的後半段，作者透過時間、風險與報酬三項思考主軸，讓不同樣態的讀者能夠從投資思維出發，進而建構適合自己的投資策略。想要成為股市贏家，你不能永遠一成不變，投資永遠不缺標的，缺的是如何擬訂策略。

投資沒有神功，但如果你想要獲得扎實的基本功，藍白拖主力都把基本功祕笈寫進本書中了，期待閱讀後的你，在 2023 年有全新的改變。

最後，祝大家在財富自由的路上，一切順利！

推薦序二
新手小白停看聽，投資必修懶人包

價值投資達人、抱緊股專家／股海老牛

每一個投資人都有過新手的時期，就像近年來投資小白被冠上「韭菜」的稱號，意指任人宰割，在股市中賠錢。無論學習投資早或晚，大家肯定都曾經歷過新手韭菜的陣痛期。

回想老牛當初開始接觸投資時，對於不熟悉的金融名詞仍是一竅不通，需要東拼西湊才有完整的觀念，因此花了不少時間。而進到實戰投資的沙場上，所學又未必派得上用場，仍不免被市場教訓，只落得虧損的失落感。與不少人一樣，老牛也是一路跌跌撞撞過來，最終才走到穩定獲利的大道上。

總結新手韭菜常碰到的 3 大問題，包括：沒搞清楚投資規則、想著投資卻做著投機、不知道自己適合什麼投資。

作者藍白拖主力就在本書中，針對投資新手會遇到的 3 大問題和疑惑，做了翔實漸進的說明。

將艱深的投資名詞，轉為生動譬喻

投資前想著一夜致富，投資後卻變成一夜致負。新手最怕投資風險，所以先了解投資真義最為重要。有關投資的重要名詞，

作者都細心的輔以範例及詳細流程說明。此外,除了名詞,還包含投資市場中的各個角色,例如投資人、證券商、臺灣證券交易所(簡稱證交所)、公司的關係等都有介紹,帶領投資小白從投資的起點開始學習。

判讀投資價值,進可攻,退可守

作者也帶入新手交易和實際操作,漸進式的帶你認識基本面、技術面及籌碼面分析,了解這三種投資分析的派別。再提到投資的風格、如何設立停損點等,都是新手可以拿來現學現用的投資良方。

生活即投資,投資即生活

除了老牛推廣的存股概念之外,藍白拖主力也以生活投資學的角度切入,從生活中去觀察常見的品牌,並成為值得投資的標的,像是食品、飲料、超商……也都可以作為參考的個股。讓投資標的不再只是冷冰冰的財報數據,或是新聞媒體炒作熱呼呼的一時話題,而是有著貼近生活的溫度存在。

近兩年台股買賣交易火熱,投資儼然成為全民運動,尤其是 30 歲以下的投資小白比例大幅增加。結果剛進場就碰上台股整理,最終黯然離場的居多,真的相當可惜。投資是有風險的,儘管我們無法避免,卻能努力把影響降到最低。只要透過持續學習,按部就班,一定能穩健的邁向投資致富人生!

推薦序三
學會投資，是現代人不可規避的課題

財經作家／夏綠蒂

　　這本書名是《做股票就像穿藍白拖》，以藍白拖比喻學習投資就跟穿拖鞋一樣，你說簡單嗎？倒也沒這麼簡單；你說很困難嗎？倒也沒這麼困難，純粹取決於你的投資方式與個性。

　　好比如果是被動投資，那只要好好的了解、知道股市長期是向上漲的，然後有紀律的投入資金，大跌時不要害怕，這很有可能反而是加碼的好機會，而且長期來看報酬率都是正數。比如台股的指數型 ETF 0050（元大台灣 50），年化報酬率約有 7％；美股的 VT（Vanguard 全世界股票 ETF），年化報酬率約有 9％。這種投資只要有堅定的信仰，其實方法並不難，還能讓你享受生活、穩健獲利。

　　若你選擇的方法是當沖、隔日沖，就要依照股價經常出現的走勢慣性，遇到強勢股今天大漲，明天可能會漲更猛，但無法百分之百精準的預測，這也是短線交易的困難之處，亦即作者在書中提到的「10 個當沖 9 個輸」。不過，這類投資方法的優點是，短期的報酬率有時有機會比被動投資來得高（缺點是風險也高）。

　　不管是哪種方式，學會投資，我認為是現代人不可規避的課

題。自 2020 年發生新冠疫情以來，伴隨著通膨、經濟衰退，消費者的實質購買力逐漸減少，例如小時候雞排一片 35 元，現在要 80 元，可見物價上漲的可怕。而迴避學習投資是一種低效的做法，甚至迴避本身就是一種風險，只會讓你的資產不斷貶值。

因此不少人踏入股市，期盼能獲利，然而賺錢是「果」，精確的知識才是「因」。持續看書、請教他人、上課、思考等，就像是在股市這畝田裡灌溉肥料，才會迎來豐碩的成果，金錢也會是附帶而來的價值。

這本工具書非常適合投資小白作為入門指引，就像是蹲馬步練功，可以鍛鍊意念與情緒，在武術界有句話就說：「入門先站三年樁」，才能爆發超強的能量。當然不是要你苦讀 3 年再投資，而是閱讀本書提及的內容，可以幫你縮短磨練的時間，包含股票知識、基本面、技術面、籌碼面等，透過淺顯易懂的方式，讓你對股市有初步認識，並且搭配圖表解說，讓人更容易理解。若想要更深的領悟，可以再自行鑽研，畢竟師父領進門，修行在個人。

要學會投資，多多少少都要有些「熱情」，如同作者從大學開始參與金融市場，時日至今還不斷的分享經驗，讓人深深感受到他的熱情。熱情的英文「Passion」是從拉丁文 Passio 字根而來，有「苦悶、忍耐」的意思，這麼一說也通，因為凡事都要先經過枯燥的基礎學習與練習，最終才能獲得令人滿意的結果。讓我們一起在投資這條路上勇敢追夢，早日實現財務自由！

作者序
投資要像藍白拖，舒適、實用、方便

　　「藍白拖」這個名稱的由來，是因為大學時期的我，不論是去上課或吃飯，總是穿著一雙藍白拖，走遍宿舍、教室與校園周圍的大街小巷，而成了我的代表。後來創立「藍白拖主力」Instagram（簡稱 IG）時，也以此作為我的 Logo。

　　藍白拖穿起來舒適、實用（耐穿還能打「小強」），穿脫更是方便，就算閉著眼睛也能快速穿上。其實學習投資跟穿藍白拖有點像，只要找對學習對象，確定投資工具，手邊有 1,000 元就能開始存股，可以說只要你願意，入門真的很容易。但正確投資並不是一步登天、一蹴可幾，而是需要穩紮穩打的學習，才能成為獲利的常勝軍。

　　所以在圖文 Instagram、方格子[1] 的文章、PressPlay 的線上課程，甚至現在這本書，我都希望能把極其複雜的交易制度與投資技巧講得老嫗能解，讓大家看我的內容學習投資，能像穿上藍白拖一樣簡單、實用。

　　我畢業於東海大學國貿系，但學生時期就常不務正業，經常

1　一個新型態的創作與交流平臺。提供無廣告且簡潔的瀏覽介面，適合內容愛好者深度分享交流。

蹺課窩在房間下單當沖[2]，收盤後不是跑去券商拜訪前輩，就是坐在電腦前檢討交易。而這一切的開端都是因為一堂國貿系的選修課——金融市場。

這堂課學長姐普遍的評價是：「老師上課幽默風趣，氛圍輕鬆。」衝著這樣的評價當然一定得選，不選實在太對不起自己。

在課堂中，老師用很生活化的方式介紹金融市場的各單位，讓大家認識銀行、證券商、期貨商以及中央銀行等機構。同時也會提到各式各樣的金融商品和基礎運作邏輯。本來我是抱著上廢課、爽賺學分的態度來修，想不到卻深受老師影響，開啟了我對這個領域的興趣。

當然，投資不存在一帆風順或是戰無不勝這種事，在金融市場中不敗是個謊言。我從像無頭蒼蠅一樣毫無章法的交易開始，到後來知道策略分為短中長等不同週期。更藉由學生的身分，同時選修了財金系與經濟系的相關課程，幫自己奠定金融市場與金融商品運作的概念。

畢業前，我參加了證券櫃檯買賣中心（簡稱櫃買中心）舉辦的投資組合與理財規畫競賽，得到冠軍，從此對於走金融與投資這條路，更加明確。然而只是課堂上學習理論是不夠的，要把知識變成買賣操作的獲利，仍需要更多實務經驗。畢竟課堂上老師

2　Day Trading，當日沖銷的簡稱。是一種不需要花費本金，能當日短線操作賺價差的交易方式。

可以教你股票的合理價值如何計算，但他們不會教你什麼時候買
會賺錢。

為加強操作技術，臺中南部兩地跑

後來，我在某個投資教學的網站上，看到一系列相關的基礎
課程，以一個個短篇幅的頁面，呈現不同單元的金融知識。從基
本的總體經濟，到股票的 3 種分析方式，甚至債券、期貨、選擇
權等，都有不同單元的系列課程可以免費觀看。

有這麼好的內容資源，我當然火速開始研讀，同時也發現這
個網站有許多投資前輩，提供各種付費課程和免費直播。在長期
觀看某位講師的免費直播後，我決定前往現場參加付費課程，而
那堂學費不到千元的課，便成就了我現在的一切。

我非常欣賞這位講師，他對許多金融商品都有涉獵，也制定
出不同盤勢可以使用不同的金融工具獲利，這樣靈活的操作策略
與觸類旁通的能力，讓我深感欽佩。在上了兩、三次實體課程之
後，我對於波段操作如何掌握停利與停損，也有非常大的進步，
交易也開始可以獲利了。

但是當我將觸手伸向現股當沖時卻遭遇失敗，只好再次拜訪
這位老師並向他提問。後來他推薦我前往南部某券商尋找高人指
點，也開啟了我每週臺中與南部往返的行程。

每次下單時，我都會記下盤中的所有想法，盤後檢討也會仔
細記錄，然後將一週整理的資料帶到南部求教。我從一開始不會

停損，到漸漸的勇於面對虧損，最後進步到知道如何放大獲利。很感謝這些老師，因為他們熱心不藏私的教學，我今天才有機會存活在金融市場上。

投資不管是賺是賠，對營業員來說都是賺

大學畢業後，我延續著不務正業的路線，正式踏入金融業，成為證券商的營業員，跳脫「賭客」的視角，並以「荷官」的角色重新認識了金融市場。

在金融市場，投資人拿著本金投入，最後的結果只有輸錢跟贏錢兩種。而證券商營業員的角色是協助客戶，並提供金融服務，不論客戶買賣股票賺錢或賠錢，手續費都會進入營業員的口袋。換言之，買賣股票對客戶來說有賺有賠，但對營業員來說，都只有賺錢一個結果。

同時，一個營業員會有形形色色的客戶，可以看到不同的客戶，在同一個市場操作的無數種結果和投資心態，而投資人卻只看得到市場的狀況跟自己的心境。

記得在 2021 年 6 月航運股飆到最高點，人人都想成為航海王時。台股當時的成交量動輒四、五千億元起跳，對營業員來說那真的是非常幸福的日子。

我有一位客戶在接受了資產配置與一些風險控管的建議後，對我頗具信心，希望我能到他的公司工作。剛好我對於證券商需要銷售基金、保險等商品也感到厭煩，於是便同意前往任職。同事對於我選擇在台股正值難得的大行情（17,500 點附近）時離

職，無不大感意外，但我對於未來有自己的規畫與盤算。

我的新工作是幫助公司進行各項投資。身為法人的操盤手，我看市場的角度也變得更加廣闊，以往追求短期獲利的微觀分析，轉變成中長期投資的總體經濟分析。不同身分的轉換，豐富了我對金融市場的觀點，對於個股的分析與判斷也更加全面。

之所以會開始經營 IG，是因為大學時，周圍的朋友時常詢問我股票投資是在做什麼？因為懶得每次都要重新解釋，故開始把一些投資的基礎知識寫在 IG 上。後來發現越來越多不認識的人開始追蹤我的帳號，於是找朋友協助我，做出淺顯易懂且圖文並茂的貼文。

隨著 IG 追蹤人數從幾百人變成幾千人後，粉絲的各種提問也越來越多，我們開始有系統的規畫線上課程與各種主題文章。除了希望能夠幫助大家學習投資，我也想改變社會對於投資是「賭博」、「危險」或是「難以學習」的觀念。IG 經營至今已經超過 5 年，文章、影片等也開始分門別類在方格子與 YouTube 等平臺出現。提供的內容也從一開始簡單的名詞解釋，到後面包含心得分享，甚至日常閒聊都有。

我認為，許多投資理財知識，可以透過生活化的舉例和小故事來輕易理解。不用像經濟學博士一樣看一整櫃的書，只要看對一本好書、找到正確方向，就能享受甜美的獲利。然而踏上投資的道路不是不用努力，而是唯有當你嘗試後才會發現，這其實就像穿上藍白拖一樣簡單。

表 0-1 一個 8 年級操盤手的養成。

時間	歷程
1995 年	• 出生。
2015 年 （大一）	• 考上臺中東海大學，因為選修金融市場，開啟對金融領域的興趣，積極想投入，但無奈父母反對不肯幫忙開戶。
2016 年 （大二）	• 上有政策，下有對策，20 歲生日一過馬上去開戶。開始胡亂下單，毫無策略的買進賣出。 • 在網路上尋找各種達人教學文章與直播，看到什麼策略都拿來試看看。 • 暑假時前往美國打工度假（當超市的收銀員），除開拓眼界外，也帶回約新臺幣 50 萬元的投資基金。
2017 年 （大三）	• 利用老師教學的波段策略改良選股，買進 5 元全額交割股的旺宏（2337），漲到 16 元後，適逢公司減資打消虧損，股價從 37 元飆到 60 元。 • 參加付費課程，體驗學校以外的投資課。之後對波段交易的多空掌握度大幅提升，但還是會有凹單（按：應該停損，但不停損）的時候，對停損的觀念還不健全。 • 經由投資課程老師的引薦，前往南部證券商，尋找某位高手營業員開戶，也就是我的恩師。 • 股票期貨槓桿初體驗。波段交易策略選到彩晶（6116），從 8 元做上 13 元。
2017 年 （大四）	• 波段交易使用個股、權證、股票期貨已經穩定獲利，策略也固定了下來。開始大量進行現股當沖的嘗試，但始終大賠小賺。 • 以波段策略投資大成（1210）股票期貨獲利後，該股也跳出在交易系統的當沖策略中，因天天拉尾盤，於是進場當沖，凹單加碼，最後慘被外資修理。 • 某日放空 GIS-KY（6456）大敗後，南下請教恩師關於當沖的問題，從此開始臺中、南部往返檢討當沖交易。

（接下頁）

時間	歷程
2018 年 （大四）	• 參加櫃買中心投資組合與理財規畫競賽得到冠軍，發現投資的世界不是只有股票，還有基金、債券與保險等其他多元規畫。 • 到畢業前已經對波段與當沖的策略非常了解，心理素質也被恩師訓練得能接受小賺小賠都是日常，只要避免大賠、偶爾大賺，就能存活於市場。 • 大學畢業，進入證券商任職。
2020 年	• 入職一年多，以菜鳥的身分，獲得券商全臺分公司債券年度銷售第三名的成績，帶領客戶成功掌握 2018 年到 2020 年債券大漲的循環。
2021 年	• 因被挖角而離開證券商，成為法人操盤手。

「藍白拖主力」臉書粉絲專頁　　「藍白拖主力」Instagram

第1章

我是 8 年級操盤手，即將財富自由

曾有人問我：「人生中買的第一張股票是什麼？」其實我早已不記得，只記得憑著一股「戇膽」，和小時候的過年紅包，共 3 萬元本金，就投入進去亂買一通。

　　因為當時我的資訊來源也只有 Yahoo! 股市，以及《經濟日報》和《工商時報》的新聞，什麼選股策略我也不懂，反正看財經新聞報導什麼話題，或是哪個技術指標近期有偏多的跡象，就買下去了。

　　至於停損，當時根本連這是啥都不知道。好在我既「膽小」又「貪心」，每一檔股票都想買看看。因此，只要發現股票價格不動，或者不如預期，就趕快賣出，改買進其他標的。當時的膽小和貪心，雖沒有讓我遇到大賠的情況，但是也因為一開始沒建立良好的停損觀念，後來接觸期貨時簡直是場災難，我才驚覺自己的投資知識是那麼不足，也忽略了市場永遠都在變化。

　　於是我開始研讀相關資訊，並參加投資理財課程學習，這才逐漸對於波段操作如何掌握停利與停損，有了非常大的進步，交易也開始獲利了。

　　相信大部分人都跟我一樣，並非財經相關科系畢業，也不是那麼熟悉一些理財工具、術語，不過不用擔心，在這一章我會從零開始教你投資的必備基礎知識。你不會因為看了這本書馬上就發家致富，但看了之後絕對不會胡亂投資，更能在投資的路上少走點冤枉路。

　　投資不簡單，但是學習投資可以很簡單。掌握正確的投資心法與工具，相信一定能離你理想中的財務規畫更進一步。

1
每檔股票都有三種價，
面額、市價、淨值

　　根據教育部國語辭典，「股」的意思是整體的一部分，「票」是用來作為憑證的紙張。「股」和「票」合起來就是，足以證明整體中一部分的一張紙，而這裡所說的整體是指企業的所有權。股票就是證明企業經營權份額的一張紙。

　　了解股票的基本意義之後，我們來看看這樣的東西是怎麼產生的。

　　投入現金給公司經營事業的人稱為股東，公司為了證明股東投入資金且具有公司的所有權，於是發行股票給股東作為憑證（見下頁圖 1-1）。

　　你也可以把股票想成是一張財產證明書，它能夠證明你擁有某些財產。投資人將現金交給公司，而公司發股票給投資人。股票能證明你具有參與公司經營權的股東身分。

　　大部分股票都以 10 元為一單位的面額發行，也就是說股東每出資 10 元，就能夠得到「1 股」的公司股票。

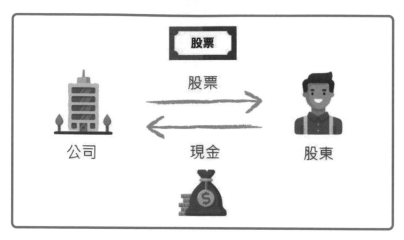

圖 1-1　股東投入現金給公司，公司發行股票給股東作為憑證。

股票面額（Par Value）是指股票發行時，印在股票上面的金額，過去上市公司股票面額固定為 1 股 10 元，但自 2014 年 1 月 1 日起，公司可依照需求自行決定股票發行面額。

　　絕大部分的企業發行股票後，並沒有將股票放到股市中提供股東和投資人交易，而是默默做著生意，並依照股東的持有股數分配獲利。當公司的股票要放到股市給大家買賣時，就需要有買賣的固定單位，以維持交易的方便性。

股票的計算單位是「股」，以 1,000 股稱為 1 張股票，也就是 1 張整股，不滿 1,000 股的則稱為零股（見圖 1-2）。舉例來說，3,487 股就是 3 張整股加上 487 股零股。

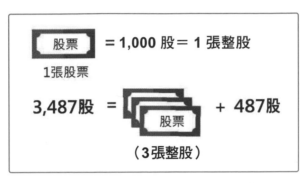

圖 1-2　1 張股票有 1,000 股，又稱 1 張整股。

👀 藍白拖主力投資筆記

每檔股票都有三種價格，除了上面提到的面額之外，還有市價和淨值。

股票之所以能不斷在交易市場流通，正是因為大家對股票背後的價值評估不同。有人覺得現在是高點可以賣，有人覺得既然已經漲上去、趨勢出來了更值得買進，這些不同的買賣想法，就促成了市場上的買賣成交。

市價是指股票在市場上的交易價格。也就是說，市價代表現在賣出股票能夠換取的現金多寡，亦代表當下取得股票需要多少成本。

　　而淨值的意義是公司每股的最基本價值。簡單來說，就是資產扣掉負債後，公司還剩下什麼。因為公司除了股東所出資的股本外，還能夠透過銀行借貸與發行債券取得資金，藉由這些資金擴大公司營運規模與整體資產總額。

　　所以，若要了解公司實際上擁有所有權的價值到底是多少時，就必須將資產總額卸妝，抹去負債所帶來的增值效果。

　　而比較公司的淨值與市價，就能得知現在的股票市價是否名符其實，進而了解股價目前是高還是低。

圖 1-3　面額就像嬰兒，為最原始的面貌；淨值就像長大後素顏的成人；市價就像化了妝的人，抹了厚厚一層粉，遮蓋了實際面貌。

2

交易平臺上的五大英雄聯盟

　　股票之所以能夠形成有制度的交易平臺，除了出資的股東和發行股票的公司之外，還需要許多不同的單位各司其職，其之間的關係見圖 1-4。這一小節我們將逐一說明。

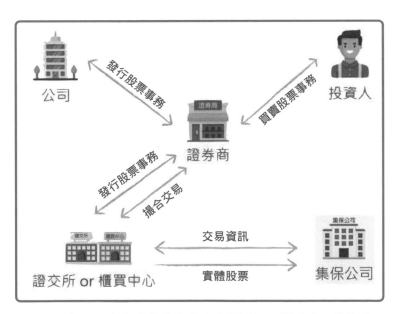

圖 1-4　臺灣股市大致上是由上市上櫃公司、證券商、投資人、證交所或櫃買中心，以及集保公司所組成。

證券商

證券商的地位很特別，它是跟投資人關係最密切的機構，串連了投資人與市場。投資人要做任何交易、買任何金融商品，都要找證券商。證券商是一間集合了各種投資業務的機構，可以細分為承銷商、經紀商和證券金融公司等三種角色。

承銷商

當公司想發行股票時會委託證券商，讓他們到處登廣告找人來出資當股東。同時依照興櫃、上櫃和上市的不同申請流程，必須向證交所與櫃買中心等單位申請並提交資料，這些文書作業的麻煩事也落到了證券商的手上（見圖 1-5）。

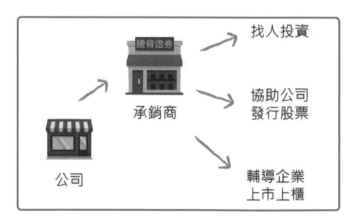

圖 1-5　承銷商主要扮演的角色為找人投資、協助公司發行股票、輔導企業上市上櫃等。

　　公司透過證券交易所，首次將它的股票賣給一般投資者的募集資金方式叫做「首次公開募股」（Initial Public Offerings，簡稱 IPO，見第 136 頁）。一般私人公司通過 IPO 的程序後，會轉化為公開發行公司（包含上市、上櫃和興櫃公司三種）。由於證券商在 IPO 流程中的角色是協助發行，並尋找願意出資的股東，因此在此特別稱為承銷商。

經紀商

　　股票在市場公開發行後，投資人並不能直接對證交所或櫃買中心下買賣指令，必須委託經紀商進行交易。經紀商收到投資人指令，到股市中進行買賣的行為叫做「受託買賣」。證券商的「經紀商」角色是投資人最常接觸的，而受託買賣也是證券商最基礎的服務項目（見圖 1-6）。

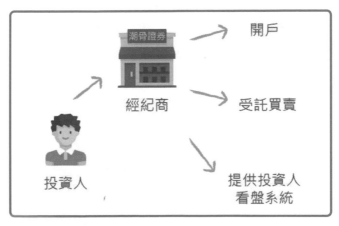

圖 1-6　經紀商主要扮演的角色為協助投資人開戶、受託買賣、提供看盤系統。

證券金融公司

　　「證券金融公司」是提供融資、融券服務給投資人的角色。在臺灣，證券商一般都能提供這樣的服務。

　　「證券公司」指的是接受客戶委託進行證券交易的機構，就如同前面介紹的承銷商、經紀商的角色，不受理客戶資金需求與槓桿交易的相關業務。簡言之，客戶進行多少交易，就必須照實支付完整金額給證券公司。

　　「證券金融公司」除了基本的受託進行證券交易外，還能夠協助客戶進行槓桿交易，例如後面將會提到的反向放空的融券與正向做多的融資。

　　雖然「證券公司」與「證券金融公司」的功能有別，但現在的證券商幾乎都有提供以上兩者的服務。證券商名稱後面是「綜合證券股份有限公司」，就代表提供包含證券公司以及證券金融公司兩種服務。

槓桿交易：指投入的資金只是全部交易價值的一小部分，其餘部分由證券商出借給你。

證交所、櫃買中心

前面提到公開發行需要經過證交所或櫃買中心的審核，各自有不同的規範與合適的股票在其中流通。除此之外，他們也負責股票買賣雙方的配對與後續流程，兩者都是台股掛牌與公開交易的場所。證交所和櫃買中心並沒有從屬或是位階高低的不同，純粹是依照不同特質經營的單位。

集保公司

集保公司全稱是「臺灣集中保管結算所」，可說是一個見證臺灣股市發展的單位。過去買賣股票是帶著實體股票和現金到證券商，大家相互喊價買賣，就像去市場搶漁獲跟青菜一樣。然而盜版生意在股市開始猖獗，很多人買了股票後，去公司領取股利，卻被公司告知那不是他們發行的股票。於是集保公司就在這個情況下誕生。

集保公司統一把大家的股票都收集起來保管，當人們在市場上買賣股票時，集保公司就會依照人們的買賣紀錄，記下每個人所持有的股票數量增減。如此一來，買賣股票不用帶著一疊紙出門，也就不會有買到假股票的問題。

隨著科技進步，如今只要有電腦或手機就可以進行股票交易。透過券商提供的看盤系統，我們可以掌握更精準、更即時的買賣訊息，因此投資人不必擔心假股票或資訊不實的問題。

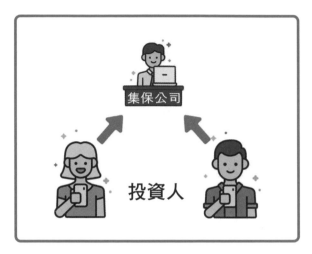

圖 1-7　集保公司主要負責保管大家的股票，買賣股票時不用帶著一疊紙出門。

金管會

交易市場這麼大，流通的錢又這麼多，一定會有人不懷好意、想鑽漏洞，怎麼辦？不用擔心，金管會（金融監督管理委員會）就是金融世界的警察，專門維護交易秩序。

金管會底下有證券期貨局、銀行局、保險局等各單位，分別管理所有金融的不同範疇，金管會的管控範疇之廣，幾乎沒有任何金融相關事務能逃過它的掌握，除了法規提到的外匯相關事務，與金融支付系統由中央銀行負責外，其他只要與金融沾上邊的事物，都由金管會負責處理。

3

掛牌也有階級之分：
上市、上櫃、興櫃

　　前面提到，不是每間公司都會把自家股票放進股市，這個放到股市的過程稱為「掛牌」。掛牌分為上市、上櫃和興櫃三種類別，區分的原則包含：公司規模大小、公司獲利狀況、設立的時間長短等。上市股票是由證交所管理，櫃買中心則是管理上櫃和興櫃股票（見圖 1-8）。

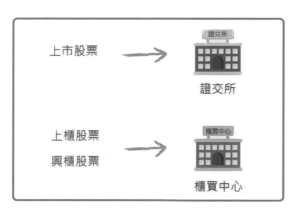

圖 1-8　證交所負責管理上市股票，櫃買中心負責管理上櫃和興櫃股票。

關於這三種分類的概念，簡單來說就是能力越大，責任越大。資本越雄厚、結構越龐大的公司，就必須接受較高的財務檢驗標準與更嚴格的約束。

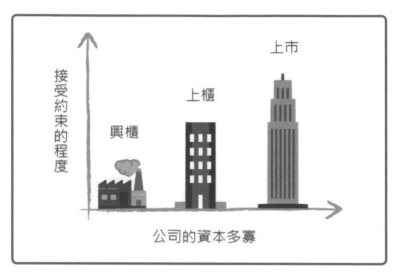

圖 1-9　資本越多，所須接受的約束就越大。

　　舉例來說，在蘇富比拍賣會場集合了世上各式珍貴藝品與文物，而開羅城外的跳蚤市場也有可能出現失竊已久的千年文物。上市股票就如同在蘇富比拍賣市場的文物，裡面有許多無論是財務狀況、獲利能力都很強的公司。

　　上櫃股票則像是開羅城外跳蚤市場櫃檯上的藝術品，它們的名氣也許不像上市公司那麼響亮、業績不亮眼，卻有著深不可測的潛力。而比上市、上櫃更加開放的叫做興櫃，可以想像成在拍賣網站買東西，興櫃股票沒有資金規模、設立年數等限制。

興櫃

　　興櫃是公司股票公開發行的第一步，公司只要向櫃買中心提出上市櫃輔導的要求，並經過兩間證券商推薦，就能夠向櫃買中心申請在證券商的營業處所，以興櫃股票的名義公開交易買賣。不過，興櫃股票不保證將來一定會成為上市、上櫃股票，仍需要看興櫃公司將來能否符合上市或上櫃的掛牌條件而定。

上櫃

　　上櫃相對於興櫃就更加嚴謹，想要辦理股票上櫃的公司，首先要成立滿兩個會計年度（也就是要有兩份完整年度會計報表的意思），且股票必須在興櫃市場登錄滿 6 個月才能申請。至於資金規模大小，則需要大於 5,000 萬元，且發行股數大於 500 萬股以上，換句話說，以股票面額 10 元來說，5,000 萬元的公司股本至少要發行滿 5,000 張股票才行。

$$\frac{50,000,000}{10 \times 1,000} = 5,000$$

　　上櫃除了規範公司成立時間與資本額，連公司賺多少錢也都要管。

　　公司在辦理上櫃時，會被要求最近一個會計年度全年獲利狀況不能為虧損，且繳交所得稅前的公司獲利金額，必須大於公司股本的 4%；最近 2 個會計年度繳交所得稅前的公司獲利金額平

均值，必須大於公司股本的 3％，甚至要求獲利金額要達 400 萬元以上、後一年還要賺的比前一年多。

上櫃公司經過上述重重檢驗後，才能夠在櫃買中心掛牌交易，不只掛牌前經歷波折，掛牌後仍需遵守櫃買中心的各項數值要求，才能繼續保有上櫃公司這個得來不易的名分。

上市

上市公司規模最大、體質最佳，因此相關規定也最嚴格。上市的股票會在證交所進行買賣撮合與成交，相關規定包含：公司成立滿 3 年、在興櫃或上櫃市場登錄滿半年；申請上市時，公司資本額須達 6 億元以上，且發行股數要大於 3,000 萬股。對於一般公司行號來說，這樣的限制彷彿天文數字。

至於獲利能力的規定則與上櫃公司相似，唯獨對數字要求訂得更高：除了最近一個會計年度全年獲利狀況不能為虧損外，2 個年度稅前公司獲利金額平均，必須大於公司股本的 6％，且後一年獲利須高於前一年，再加上最近 5 年稅前獲利金額平均值，必須大於公司股本的 3％。

簡單來說，股本 6 億元的公司在上市前 5 年，至少要賺 9,000 萬元（這還不包含前兩年獲利是 6％ 不是 3％），別說是 5 年的獲利了，這樣的金額我根本可以退休安養天年了！

$$600,000,000 \times 3％ \times 5 = 90,000,000（元）$$

表 1-1　興櫃、上櫃、上市比較。

項目	興櫃	上櫃	上市
交易單位	1 股	1 張、1 股皆可	
跌幅	無限制	10%	
公司規模	無限制	資金規模大於 5,000 萬元	資本額須達 6 億元以上
設立年限	無限制	滿 2 個會計年度	滿 3 年
交易場所	證券商營業處所	櫃買中心	證交所

🕶 藍白拖主力投資筆記

　　除了前面介紹的上市、上櫃、興櫃這三類股票之外，其實還有第四類股票——未上市股票。只要不是在上市或上櫃的股票，都可以稱為未上市股票。而在未上市股票中又分為兩種，一種是「已公開發行」，另一種是「未公開發行」。差異在於公司的資本額（股本）是否超過 2 億元（依規定，資本額超過 2 億元的都需要公開發行）。

　　由於這類股票只能私下交易，並沒有經過證交所或櫃買中心的監督與交易，所以當公司沒有獲利時，股票很容易淪為「壁紙股」。另外，須注意的是，公司未經主管機關核准，販賣未上市股票就是違法，買賣行為也不會受到法律保障。

4

只想買一股，手滑竟然變一張？嚇呆！

　　股票的買賣方式，大致可分為現股買賣、零股買賣、融資、融券。

　　前面提過股票的計算單位是「股」。買賣單位在 1,000 股（不含）以下的交易我們稱為零股買賣，以 1 張（1,000 股）為倍數的交易，則是整張股票的一般買賣（也就是現股買賣）。

　　一般買賣和零股買賣在時間和交易方法上都有些微的不同，在下單時須特別留意，千萬別搞錯買賣單位了，後續（見第 91 頁）我們會再詳細說明。

　　大家可別以為買零股卻下錯單變整張的事情不可能發生，我的朋友就曾有過，原本只想買 1 股台積電（2330），與帳戶原有的 9 股湊成 10 股，卻下錯單變成 1 張。原本當時 1 股只要 387 元，現在變成 1 張 38.7 萬元，對於月薪只有 3 萬元的他來說，這下真的「完了，芭比 Q 了」，嚇得他急忙找人借錢，好在最後順利籌到錢。

在這裡要特別提醒，如果哪天你不小心手滑把「股」下成「張」，也實在湊不出錢的話，最佳解套方式就是直接當沖賣掉，千萬別置之不理，不去存錢，而造成違約交割。

針對以張為單位的交易，除了拿現金買進整張股票，和賣出手上已經有的股票外，還有融資和融券兩種交易方式可以操作。簡單來說，融資是「借錢買股票」，融券是「借股票賺錢」。

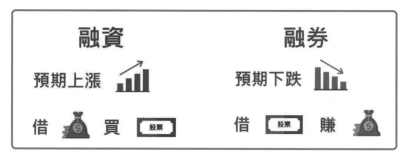

圖 1-10　融資是預期會上漲，所以借錢買股票，融券則是預期會下跌，所以借股票來賣賺錢。

融資是一種證券商提供的借貸服務，借錢給投資人買股票。當投資人想買進股票，但又不想付出百分之百的股價時，就可以選擇融資。至於證券商會借投資人多少錢，則依照各檔股票不同的狀況而異。

融券是一種相對於融資的交易方式。融資讓投資人跟證券商借錢買進股票，待股價上漲後賣出股票還清借款，並獲利走人。融券則是讓投資人可以跟證券商借股票來賣出，等股票下跌時再買回來還給證券商，獲利則是股價下跌的價格。

不過，天下沒有白吃的午餐，融資借錢買股票必須支付利息，同樣的，跟別人借股票來賣也要支付融券費用。融資、融券相較於一般買賣，還需要付出特別的交易成本，在使用上需要特別留意。

不論是融資或融券，背後都涉及「借」的概念，那到底能借多少錢，或是能借幾張股票呢？要完全搞懂融資和融券的運作，就一定得知道「資券成數」這個名詞。「成數」指的是融資、融券在執行時，金錢的交付占股票市值的比率。

舉例來說，若融資成數是 6 成，當投資人融資買進股票時，證券商會借給投資人 6 成的現金，如：

- 某支上市公司的股票，股價為 100 元。
- 現買 1 張須支付：$100 \times 1,000 = 100,000$（元）
- 融資買進 1 張須支付：$100,000 \times 40\% = 40,000$（元）

圖 1-11　融資買進股票時，投資人只需要準備 40％自備款就可買股票。

若融券成數為 9 成，投資人跟證券商借股票來放空賣出時，必須繳交 9 成的現金給證券商，當作保證金，也就是說 10 萬元的股票，投資人必須繳交保證金 9 萬元。

股票放空（Sell Short）又稱股票做空或股票賣空，是指投資人看壞行情，借股票來賣，待股價跌後再買回股票賺價差，但若股價漲則會賠錢。相反的，如果認為某檔標的會漲，想利用它上漲賺錢，就叫做「做多」。

至於成數是如何制定出來的？一般上市股票，證券商能借給投資人 6 成的價金，也就是說，投資人只要支付 4 成的錢就能買到整張股票。若為上櫃股票，則證券商只能提供 5 成的融資金額，投資人必須拿出股票價格一半的錢，才能融資買進。

融券則較為特別，由於放空的風險較高，一般融券成數都訂為 9 成。換言之，若要融券放空一檔股票，必須自備 9 成的錢，證券商才會借你股票。針對波動特別劇烈的股票，還會上調成數為 100%，甚至 110%。

當投資的損失太大，以至於證券商不願再借給你投資，而將你的部位（持有的額度）強制結清，逼你還錢，就叫「斷頭」。

通常會斷頭的投資都有一個共通的嚴重問題，那就是沒做好停損。投資應該在自己能控制的範圍內停損，而不是在損失大到證券商看不下去時把你斷頭抬出場。

藍白拖主力投資筆記

毫無基礎的人該怎麼學投資？

大部分人都不是財經相關科系畢業，所以你不用覺得比別人落後或是差人一等。對投資一無所知、必須從頭學起的人，我在這提供學習投資的 7 個步驟給你參考：

1. 下定決心：搞清楚你現在要做的是大事。
2. 基礎知識：學習投資基礎知識。
3. 關注時事：隨時留意相關領域的新聞消息。
4. 條件評估：根據自己的條件選擇適合的投資方案。
5. 擬訂策略：根據投資目標擬訂策略。
6. 勇敢下單：按照策略下單、加減碼、進出場。
7. 檢討學習：不論成敗都要檢討策略。

投資的致勝關鍵是掌握資訊，你除了要計算數字，還要會計算人性。看看新聞裡的大事件，社會、衝突、產業、政治、外交、人禍、犯罪，無不影響著股價，無一不是人性。所以當你在研究投資這件事的同時，也正逐漸學會看透這個世界（通常越看越黑，但越看越清楚）。

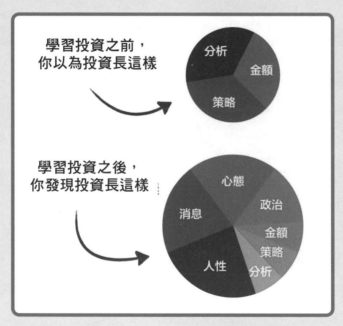

圖 1-12　投資做久了，你會有更了解這個世界的感覺。

5
投資工具百百種，股票變現最快

　　投資的方式百百種，除了不動產、保單、債券等持有時間較長的項目外，還包含外幣、虛擬貨幣等具有匯兌性質的資產，當然還有最常聽到的股票，以及它所衍生出的各種投資工具。

　　有這麼多的投資方式，如果沒有學習就投資，如同沒有練習就開車上路，是很危險的。

　　選擇操作上市、上櫃股票，除了因為具有交易制度完善、資金規模能屈能伸的優點外，萬一臨時急需用錢時，上市、上櫃股票流動性充足，也較容易變現。

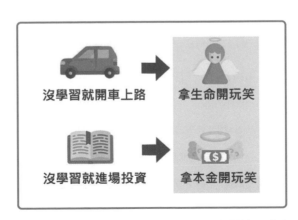

圖 1-13　沒有學習就投資，如同沒有練習就開車上路。

交易制度完善

網購最怕的就是錢匯出去，賣家直接跑路，或者是寄來的商品有問題。上市、上櫃股票有證交所、櫃買中心、金管會和集保公司等單位把關，從公司的掛牌到買賣制度都清楚且健全。所以，買股票不用擔心錢付出去拿不到股票，也不用擔心買進來的是假股票！

資金規模能屈能伸

我們都知道房價節節高升，不動產有很強的保值與抗通膨效果，但是動輒千萬元計算的投資金額卻讓人難以下手。光是自己要住的都快買不起了，何況還要買來投資。而上市、上櫃股票的交易小到幾百元的零股，大到億元甚至兆元等級的資金都能參與，不論是小資族或是大型投資機構都能投入。

流動性充足

流動性是什麼？簡單來說，如果隨時想賣掉一項投資標的，都可以快速用合理的價格賣出變回現金，我們就會說這是一項流動性很充足的投資標的。

不動產、骨董和珠寶等投資，在賣出時可能會需要降價求售，或是等到識貨的伯樂出現才能用合理的價格賣出，我們就會說這些投資的流動性較低。如市面上許多儲蓄險，直接附帶了 6

年內解約須支付解約金的條款，這樣的投資幾乎可說是沒有流動性可言。

　　排除以上問題的投資項目，其實還有基金、指數股票型基金（也就是大家所熟知的 ETF，Exchange Traded Funds）、權證、期貨、選擇權等（見第 65 頁），這些金融商品都有各自的運作方式，但全部都與股票脫離不了關係。

　　甚至可以說，他們的基礎單位就是股票，只是換成不同的買賣方法，有的事先買、有的組合在一起買、有的交給別人買。因此，想操作這些金融商品，請務必要先學好上市、上櫃股票的基本知識。

6

買股賺什麼？小賺股息大賺價差

　　不論是出錢成為某間公司的股東，或是以買進股票的方式取得股東身分，在成為股東之後可以幹嘛？

　　身為公司的所有者，股東在公司賺錢時有權依照持股多寡，分到相對應的獲利，也就是享有除權息的權利。

　　除了基本的收益分配之外，股東針對未來的營運方向、投資計畫、公司章程修改等議題，都可以透過股東會來表達自己的意見。常見的方式包含：提案、覆議、投票等過程，都可以讓股東表達想法，並達到股東制定決策與監督企業營運的目的。

　　此外，多數公司在股東會時期會提供紀念品送給股東。股東只要在收到的開會通知書上簽名或蓋章，就可以到指定地點免費領取紀念品。

　　2022 年開發金（2883）所送的「故宮花鳥彩繪碗」就曾因太搶手，股東會場外排出一條長長的人龍，讓董事長在股東會上出面致歉。據說在網路上該組碗更曾一度喊到一組 900 元的高價，對小股民來說，也算是一種小確幸。

買股票的利潤

　　股票的操作策略百百種，但其實獲利的來源就分兩種：資本利得與股利收入，也就是賺價差及領取現金和股票股利（見圖1-14），分別說明如下。

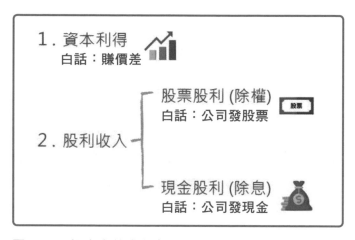

圖 1-14　投資人的獲利來源可分成兩種，分別是資本利得與股利收入。

資本利得

　　資本利得指的是，股票的賣出價位高於買入價位，其中的價差獲利稱為資本利得。計算資本利得涉及兩個數字，分別是股票的數量和價差的金額。股票的交易單位分為「張」跟「股」，1,000 股＝ 1 張，在報價方面，以「1 股」的價格為報價單位。

買賣價差的計算方式為：

（賣出價格－買進價格）× 股數

例如，藍白拖以 1 股 12 元買進 1 張（1,000 股）大是公司的股票。過幾天後，以 1 股 14 元賣出 1 張（1,000 股）大是公司的股票。所以藍白拖賺到的買賣價差：

（14－12）×1,000=2,000（元）

股利收入

股利收入指的是持有股票成為股東，有權利享有公司獲利的盈餘分配，不論分配的是股票或是現金，都是股利收入，也就是投資人常說的「除權息」。

「除權」是指公司發「股票」給股東，稱做「股票股利」。「除息」則是公司發「現金」給股東，稱做「現金股利」。

公司的營運與獲利將會影響到市場上股票的價值，有盈餘的情況下，每年至少都有一次除權除息。那麼，什麼狀況下公司會沒有除權息呢？

如果公司沒有新的營收，當然就不會有除權息。又或者當公司需要資金進行新的投資計畫時，也可能選擇發放較少，甚至完全不發放股利。

那該怎麼計算股票股利？計算方式為：

$$\frac{股票股利金額}{面額} \times 每張股數$$

例如，大是公司股東會決議，110 年的股票股利為 1 股發放
0.5 元。假設藍白拖有 1 張大是公司的股票（1,000 股），面額是
10 元。這表示藍白拖將可獲得：

$$\frac{0.5}{10} \times 1,000 = 50$$

換句話說，將可以得到大是公司 50 股的股票。

而現金股利的計算方式為：

$$現金股利金額 \times 股數$$

例如，大是公司股東會決議，110 年的現金股利為 1 股發放
2 元。假設藍白拖持有 5 張股票，那他將可以獲得：

$$2 \times 5,000 = 10,000（元）$$

也就是，將可以得到 1 萬元的現金。

什麼是除權息？（請掃描 QR Code）

在這要提醒讀者。如果單筆股利超過 2 萬元 (含)，依照規定須繳二代健保補充保費 2.11 %，此筆費用會在發股利時先被預扣。又發放現金股利時，大都會收取 10 ～ 20 元的匯款費用，所以實際拿到的金額會與計算出來的金額有一些差異。

　　而每當靠近除權息時，我們就會在網路上看到有人在說某檔股票快要配息了，殖利率非常高很值得投資。但究竟殖利率是什麼？跟利率又有什麼不一樣？

　　其實利率指的是本金跟回報的比率，不論是存款或是借款都有不同的利率。殖利率則是針對金融商品所衍生出的名詞，指的是當我們投資某項金融商品後本金跟回報的關係。

　　前面我們曾介紹過現金股利的計算，基本上，所謂的現金股利，就是公司從獲利中撥一部分現金給股東，而現金殖利率就是現金股利的概念，其計算方式如下：

$$現金殖利率 = \frac{現金股利}{股價}$$

　　舉例來說，大是公司在 110 年配發現金股利 2 元，假設前一天收盤價為 30 元，那麼現金殖利率為 6.67 %：

$$\frac{2}{30} \times 100\% = 6.67\%$$

　　由於股票的配息來自本金，配息前後的資產總值並不會改變，只是把左邊口袋的錢換到右邊口袋，兩邊口袋加起來並不會多出一分錢。所以股票的好壞關鍵是公司有沒有賺錢、賺多少錢，而不是給多少股利。如果投資人光看殖利率的高低，來判斷是否買進，很可能會陷入賺股利、賠價差的情況。

👀 藍白拖主力投資筆記

　　買股票成為股東後，除了前面提到的可賺取價差，以及企業利潤分享（股利收入）外，還能享有以下權益：

- 剩餘資產分配權：公司經營不善使得財務遭到清算時，股東可按持股比例分配公司剩餘的資產。唯償還順序是：債權人→特別股股東→普通股股東。

- 優先認股權：當公司要增資發行新股時，原股東可依照持股比例優先認購股票。

- 股東贈品：許多公司在召開股東會時，會提供免費的紀念品給股東，股東只要憑開會通知書，於上面簽名，就可領取股東贈品。

- 股東會：股東會分為「常會」跟「臨時會」兩種。股東常會顧名思義就是平常開的會，每年都會有一次常會。經營管理階層必須在常會上向大家報告去年的營運狀況與獲利，同時說明未來一年的大型計畫與公司方向。臨時會指的是因為事態緊急沒辦法等到下次股東常會，於是臨時召集股東所開的會議。

7
那年，我存到 3 萬元就進場

投資是一種具有風險的行為，簡單來說，就是有可能會賠錢。上班在常態之下是穩賺不賠的，但投資的常態卻是賺賠都必然會出現，只是差在出現的頻率跟機會因人而異。

有些人覺得要存到 50 萬元甚至 100 萬元才能開始投資，這樣的想法往往跟獲利金額有關。舉例來說，以本金 1 萬元做投資，若以獲利 10％來算可以賺到 1,000 元：

$$10,000 \times 10\% = 1,000（元）$$

但是當本金提高為 100 萬元時，投資報酬率 1％就能賺到 1 萬元：

$$1,000,000 \times 1\% = 10,000（元）$$

許多準備參與投資的人會覺得，上述獲利 10％賺 1,000 元的例子，實際金額太小，認為應該存更多的本金，才能夠像本金百萬元一樣賺到大錢。然而我認為，本金小更應該早點學習投資

（想當初我的本金也只有 3 萬元，就勇敢的投入股海），並實際進行投資。

因為投資的路上勢必坎坷不堪，沒有人能在沒賠過錢的情況下，學會投資。常聽到有人說：「在市場繳學費」，指的就是這個意思。

倘若需要賠掉 1% 的本金當學費，才能夠換來寶貴的經驗，從本金 1 萬元開始學習只需 100 元，那又何必等本金百萬元時，才要花 1 萬元來學習呢？

越早開始學習投資，就越能夠以較低的虧損金額學到越多的東西。倘若退休那天才想抱著退休金來學習，那時又能有多大的膽量去承擔虧損的後果呢？

圖 1-15　倘若需要賠掉 1% 的本金當學費，從本金 1 萬元開始只需 100 元，那又何必等本金百萬元時才要花？

2020 年政府開放零股盤中交易（見第 91 頁），除大幅增加零股交易的靈活度之外，許多和個股相關的投資工具，對於小額的投資也非常有利。

權證、期貨和選擇權的價格直接跟不同個股和指數連動，這些具有槓桿的金融商品，對於本金較小的投資人來說，都是非常好的選擇。

雖然槓桿只要少少的本金就可操作，但同時也需要承擔較高的波動和風險，交易上務必特別小心。

上班族該怎麼分配投資比例？

大部分的上班族應該都和我差不多，每天過著跟狗一樣累的生活（其實狗好像也沒這麼累），你也許想要拿些錢去投資股票，好讓自己早點財富自由，脫離現在苦悶的上班人生，但平時付完生活中的大小開銷後，也很難存到什麼錢。

到底，上班族該怎麼分配投資的比例？在這裡提供一個公式給各位參考：

$$財產總值－投資金額＝6 個月生活開銷$$

舉例來說，假設存款有 30 萬元，每個月房租加生活費約為 18,000 元。

$$300,000-投資金額＝6\times18,000$$
$$投資金額＝300,000-108,000＝192,000$$

換句話說，可投入 192,000 元進行投資。

或許你會問：為什麼會是以「月」為單位？這是因為不論是收入或是支出，大部分固定的項目都是一個月發生一次。舉例來說，薪資收入、手機電信費、房租、信用卡費等，當我們預留下 6 個月的開支時，就能確保自己能在投資不順利的狀況下，還能夠有錢來緩衝支持自己的基本生活。

當然也可以自己調整，留 3 個月、5 個月、12 個月……或者你有規畫別的資金運用。

總之這沒有一定的答案，請評估自己的狀況，再決定要留多少錢在身上。

在這，我再提供一個評估標準做為參考，人生不外大致分為以下幾個階段：

- 從學生時期到結婚前——無負擔。
- 婚後到子女獨立之前——重大負擔。
- 子女獨立到人生盡頭——輕微負擔。

這三個階段的經濟壓力各不相同，投資金額與現金的比例也會隨著調整，負擔越重時必須留越多的現金在身上。依照這個邏輯，剛出社會、相較而言無負擔時，應該盡量累積本金並進行投

資。希望大家都能找到適當的投資比例，並且透過投資減輕自己的經濟負擔。

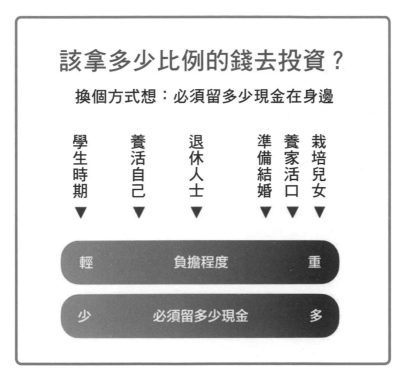

圖 1-16　不同階段的經濟壓力各不相同，負擔越重的時候必須留越多的現金在身上。相較而言在無負擔時，應該盡量累積本金並進行投資。

8
各類投資商品的難易度比較

　　前面提到了權證、期貨和選擇權，究竟這些是什麼東西？另外，常常看到證券商在募集與銷售的 ETF 和債券，又是什麼樣的投資商品？讓我用表 1-2 幫你一次解答！

表 1-2　各投資商品學習的難易度比較。

商品名稱	白話文	價格漲跌依據	會負債嗎？	有槓桿嗎？	學習難易度
債券	當債主收利息	市場交易結果	不會	沒有	簡單
基金	投資交給專業的來	買進的投資標的與權重	不會	可能有	簡單
ETF	像影子的基金	指數或股價	不會	可能有	簡單
權證	押注漲跌的樂透彩	指數或股價	不會	有	普通
期貨	上刀山、下火海的承諾	指數或股價	會	有點大	稍難
選擇權	賭場組頭體驗專區	指數或股價	會	超級大	超級難

債券

債券就是一張證明借貸關係的借據，上面寫著雙方身分、借貸金額和借貸利率等資料。投資人把錢借給需要的人，並由借款人發行債券給投資人。持有債券的人可以依照上面所寫的時間去找借款人，按利率收取利息，最後在到期時將債券還給借款人並取回本金。

基金

基金是一種集合眾人資金共同投資的工具，交由專業經理人操盤，一起承擔風險、分享利潤，最低 3,000 元就能夠投資。

基金可以分為主動式跟被動式兩種，主動式是指基金經理人會依照自己的交易策略，主觀的幫投資人買賣股票，並調整基金的持股。而被動式基金則是基金經理人不會主動進行買賣操作。

基金可以用投資的商品種類和投資主題來區分，例如以投資標的區分的債券型基金、股票型基金。或是以投資主題區分的半導體產業基金、電動車基金。

投資人把錢交給基金公司之後，負責操作的經理人依照基金種類和主題買進適當的投資商品。

隨著基金買進的各種商品有各自的價格波動，經理人會透過持有比重和個別價格算出基金的淨值，其實就是基金的加權平均價格。

投資人透過這個稱為淨值的平均價格，可以做基金的買賣，

淨值上漲或是基金配息都能夠獲得收益。

ETF

　　ETF 其實也是基金的一種，之所以用影子來形容，是因為它的操作模式就像影子，永遠跟著身體。舉例來說，某檔 ETF 以黃金的價格作為投資標的，則這檔 ETF 的基金經理人會透過各種金融商品，讓 ETF 的淨值完全貼著黃金的價格一起上下，就像黃金的影子一樣。

　　因為這種操作模式下，經理人是被動追隨價格，而非自己主觀的操作，所以，ETF 也被稱做被動式基金。除了黃金、小麥等商品之外，ETF 也可以追蹤加權指數、那斯達克指數等各種不同國家市場的股市。

　　我們以吃火鍋為例，當投資人想投資股票時，一般可以透過三種方式來購買：

- 買基金：交給別人選標的操盤，等著領配息就好。就像去火鍋店，備料熬湯由別人處理，我們負責下食材跟吃就好。

- 自己選股操作：從策略制定到選股與交易進出，通通自己來。也就是自己到市場選食材，想吃什麼一切自己來。

- 買進 ETF：根據 ETF 的主題，把標的都配置完成，只需要自己進出場就好。根據喜好買配好的整組火鍋包，直接下鍋煮就能吃。

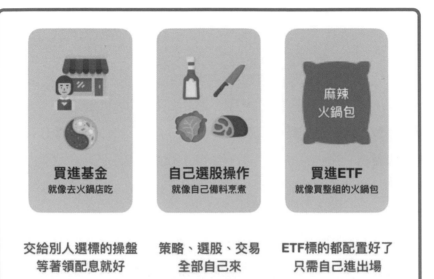

圖 1-17　想投資股票，除了自己選股操作之外，還可以透過買進基金和 ETF 由別人代為選標的投資。

　　經過這樣的解釋，相信對於 ETF 應該也有大致的了解，至於購買 ETF 的好處則有：

- 交易稅為 0.1％，比股票的 0.3％低。
- 手續費為 0.1425％，比一般基金平臺的 0.3％低。
- 流動性強，進出交易比一般基金即時。
- 波動性比股票低，不會暴漲暴跌。追蹤商品的 ETF 波動可能比個股大，追蹤指數的 ETF 則是波動比個股小。
- 具有主題性，選定投資主題就可進行短期投資，或長期的持有，不用每天盯盤。

權證

權證就像是一張樂透彩，如果最後沒中獎，揉掉丟垃圾桶就行了，最多只會損失當初買進時所花的金額。若幸運中獎，就能依照自己中的是大獎或小獎，拿到相對應的獲利。

權證分為認購權證和認售權證兩種，中獎與否則由權證發行時定的履約價決定。認購權證到期（開獎）時，如果連動的股價大於履約價，或是認售權證到期（開獎）時，連動的股價小於履約價，都是中獎！

舉例來說，我們可以把「投資人向證券商購買權證」這個行為想像成「消費者跟旅行社購買餐券」。餐券上會清楚寫著這是哪間餐廳的券、用餐優惠價、餐券到期日、發行機構；權證也一樣會清楚標明發行標的、履約價格、權證到期日、發行證券商等資訊。

購買餐券後，只要在餐券到期日之前，消費者都可以使用餐券去餐廳吃飯，且價格也會比原本價格便宜。同樣的，投資人使用證券商發行的權證去買股票，這個股票原本的市價比較貴，但使用權證的履約價購買會比較便宜（見下頁圖 1-18）。

連動股價和履約價的落差越大，代表中的獎越大，也就會有越高的報酬。然而權證還沒到期開獎之前，價格也會跟著連動股價上下波動。

簡單來說就是，買進權證之後，只要權證價格上漲，即便還沒到期也能提早賣出獲利！

饕客用餐券享用比原價便宜的餐點

投資人用權證購買比市價便宜的股票

圖 1-18　權證就是未來可以用特定價格買賣股票的憑證。

期貨

期貨是一種承諾，一旦答應了，就算上刀山、下火海也得實現。約定承諾的雙方針對特定的股價或是指數先付款，並講好在某個時間點「交貨」。

舉例來說，兩人在 3 月時，以 20 元的價格成交 5 月的大是公司股票期貨。那麼 5 月期貨到期時，不論大是公司的股價漲到多少，賣出的人都不能要求加價。同樣的道理，如果大是公司股價跌到剩 1 元，買進的人也不能要求退回買進期貨成交時付的 20元，必須照價買進股票。

簡單來說，如果一般買賣是一手交錢、一手交貨，那麼期貨買賣就是先交錢，以後再交貨，而且不論後來價格怎麼漲跌都不能反悔。

選擇權

選擇權就像是「賭場組頭體驗專區」。選擇權跟權證非常的類似，兩者都以履約價決定最後開的獎項大小。

權證分為兩種各自代表看漲和看跌的操作，選擇權也有，買權表示用履約價買進的權利，賣權表示用履約價賣出的權利。

權證可以在到期之前趁有獲利時就賣出賺取價差，選擇權也可以。差別在於選擇權除了可以當賭客買漲或買跌之外，還可以體驗當組頭！

權證市場只能先買進之後等開獎，但選擇權市場除了買進之外，還可以自己當組頭賣彩券給別人。賣出選擇權後如果沒開獎，一開始賣出的金額就會變成獲利，然而賣出後若不幸開獎，就要按照履約價計算該支付多少獎金給別人。

股票與其他投資工具的比較

在講投資上市、上櫃股票的好處的時候，我們提到不少其他投資的管道，接下來簡單比較一下這些五花八門的投資方式差別在哪。

表 1-3　股票與其他投資工具比較。

投資工具	買賣速度	買賣成本	所需資金	報酬率	獲利難度
房地產	慢	高	非常高	高	普通
珠寶	慢	不一定	高	高	高
保險	慢	普通	無限制	極低	低
外幣	快	低	低	普通	低
存款	快	低	低	非常低	非常低（但……）
股票	快	低	無限制	不一定	不一定

　　從上面的表格可以看到，能夠快速買賣變現的資產都跟金融機構有關。因為金融機構的出現，金融商品交易流程被標準化，使得速度提高、難度降低。外幣、存款和股票的買賣速度跟成本非常相近，但存款的報酬率非常低。

　　之所以在存款獲利難度非常低的後面加了一個「但……」，是因為考慮通膨的影響。銀行不倒，存款就能賺到利息，的確獲利難度很低。然而定存利率往往比通貨膨脹還低，「賺」到的利息比存款期間物價的漲幅還少，這樣還算是有賺錢嗎？

　　股票在報酬率和獲利難度上都是不一定，原因在於每個人的交易策略和目標不同。

　　若以對抗通膨為目的，透過股利、股息作為獲利來源，在策略的制定和操作上都會相對簡單。如果希望密集的進出，以價差作為獲利來源，則必須花更多時間在制定策略，相對也較有機會

得到更高的報酬率。股票之所以吸引人，就是因為有很高的靈活度、極高的報酬率和風險調控性，使得每個人都可以依照自己的狀況找到合適的投資方法。

藍白拖主力投資筆記

什麼是通貨膨脹？

「通貨膨脹」這個名詞時常出現在新聞標題中，在美國聯邦準備理事會（簡稱聯準會）宣布升息後更是如此，究竟什麼是通貨膨脹呢？

通貨其實就是錢的意思，不管是紙鈔還是硬幣，只要是國家的中央銀行發行的，都可以叫通貨。舉例來說，假如世界上只有一雙藍白拖跟 1 張 100 元，如果要買唯一的這雙藍白拖，就得花全世界全部（100％）的錢來買。沒有錯，藍白拖就是這麼珍貴，畢竟 100 元跟藍白拖都是唯一的。

如果某天央行的印表機多印了 1 張 100 元，那從此以後全世界的錢就變成 200 元。而唯一的這雙藍白拖仍然要世界上全部（100％）的錢才能購買，不過錢從過去的 100 元變成了 200 元。

對於衡量金錢單位的「元」來說，藍白拖從 100 元漲價變成 200 元。即便從頭到尾它的價值都是 100％的錢，但因為錢的數量變多，而使得 100％的金額也放大。

　　當商品和資源沒有變多，但是錢的數量不斷增加時，一樣 100％的錢就會變得比過去所代表的金額多，而這樣的現象就被稱為通貨膨脹。

　　那通貨為什麼會膨脹？並不是你把紙鈔丟到洗衣機洗之後，紙會吸水然後膨脹；也不是銅板在生鏽氧化的過程中，因為和氧原子結合而重量增加（沒錯，化學課我有加減聽）。

　　通貨膨脹之所以會成為現在財經新聞的熱門議題，除了從雷曼兄弟以來，各國政府透過印鈔票和執行各種政策，導致貨幣變得越來越多，再加上疫情爆發後的一連串刺激方案（例如五倍券、各種紓困補助等），使得通膨來到史無前例的高點。

9

賠錢不是投資的風險，是結果

我們都知道投資有風險，但究竟有什麼風險？一般都認為投資的風險是賠錢，但在金融專業領域中，風險分為兩種——「系統性風險」（Systematic Risk）以及「非系統性風險」（Unsystematic Risk）。交易賠錢只是這些風險發生後對股價造成的作用。

也就是說，投資的總風險＝系統性風險＋非系統性風險。而除了「系統」這個用詞之外，也有「市場風險」和「非市場風險」的說法，兩者指的是一樣的東西。

系統性風險

系統指的就是整個金融市場，系統性風險就是與整個市場相關連的風險。一旦發生系統性風險，只要你身在金融市場當中就無可倖免。

舉例來說，美國聯準會在 2022 年 3 月升息，2020 年全球開始爆發新冠疫情，又或者是更早之前，2001 年美國發生的 911 事

件等。這些事情的發生都導致整個金融市場出現很大的波動，不只有股市，甚至債券、貨幣以及房地產都受到影響。

非系統性風險

相較於系統性風險一旦發生無一倖免，非市場性風險則有特定的影響範圍。舉例來說，智慧型手機銷售欠佳，進而影響手機晶片與手機組裝的廠商。對於這樣的事件，只有跟手機生產與銷售相關的企業會被影響，因此不屬於系統性風險。由於每個產業都有各自會遇到的問題與風險，因此只要不是系統性風險的都被稱為非系統風險。

換句話說，非系統性風險就是個股風險，也就是「選股」風險，要分散這類風險的最佳辦法就是分散投資組合。例如一次持有多家股票，不重押在同一家，這樣即便其中一家公司有狀況，也不至於對整個投資造成太大的影響。

但須注意的是，分散投資僅能分散掉一部分的非系統性風險，減少損失，有些無法被分散的風險依然必須承受。

圖 1-19　分散投資能減少風險，但仍要承擔系統性風險。

10
投資最常犯的三大錯

　　曾有人問我：「人生中買的第一張股票是什麼？」其實我早已不記得，只記得就是亂買一通，賠錢繳學費。以下列出我自己在剛開始投資時所犯的 3 大錯誤，希望能幫助讀者在投資時可以繞過陷阱，少走一些冤枉路。

不停損

　　投資新手因為交易經驗不足的關係，通常面對賠錢的處理較為不理性，容易有兩大致命心態：

- 奢望股價會回到自己的進場點：看著股價不斷走遠，但不願承認自己錯誤的執念，再加上看著損益表為負的難過情緒，讓投資人只能卑微的靠著不理性的情緒安慰自己。

- 消極的不面對損益與錯誤：眼不見為淨也是新手交易股票時常有的現象，當自己有部位賠錢時，就不看那檔股票了，用賺錢的部位麻痺自己，以逃避另一部分的損失。

這樣的行為不但讓投資人錯失及早出場的停損點，也因為不願意面對事實的心態，而更不可能在這場交易中檢討並學到東西，簡單來說就是：繳了學費沒學到東西。

圖 1-20　不願意面對賠錢的事實，只會讓你越賠越多。

聽信明牌

投資新手沒人帶領，自己進入市場，就像小小的帆船要在汪洋大海中找到方向一樣，只看到天邊一點點星光就趨之若鶩，毫不猶豫。

臺灣的金融環境充斥著各種資訊，財經新聞、報章雜誌、股市節目、投顧社群、網路直播，甚至實體課程，各式各樣的投資訊息彷彿淹到了投資人的喉頭上。由於新手尚未建構自己穩定獲

利的策略，所以只要任何一點有機會獲利的投資標的，他們都會很樂意嘗試。

　　正因為缺乏方法又輕信他人，導致新手常常到處探聽小道消息，也就是聽信明牌。然而明牌的背後，往往都是事先買好股票等著倒貨的操盤手們。聽信明牌不但容易賠錢，也無法從中學習挑選標的，以及完整的進出場方式，導致日後只能持續仰賴他人推薦的股票，而沒有自主交易的能力。

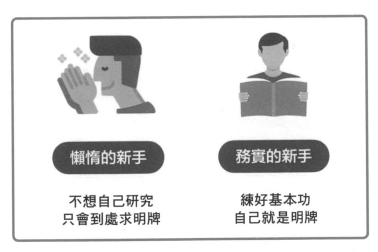

圖 1-21　明牌的背後，往往都是事先買好股票等著倒貨的操盤手們。

不按照策略交易

　　新手在下單時，因為還沒培養出紀律交易的習慣，常常讓自己的情緒隨著股價到處飄，想到什麼就做什麼。新手在策略制定

的嚴謹度上已經比老手吃虧了，再加上情緒影響，導致賺錢時就急著出場、賠錢時卻異常的堅持續抱，最後形成即便有簡易的交易策略，卻因為情緒，使得自己沒有照著制定好的規則出場。

要克服沒紀律的交易行為需要練習，且這樣的練習不像制定交易策略那樣容易，重點不在交易技術或邏輯思考，而是情緒管理與克服人性。

圖 1-22　控管好情緒，堅持執行策略，才有獲利的可能。

以上就是新手最容易犯的三個錯誤，希望大家在進入投資市場之前，都能先有心理準備可能遇到這樣的情況，將這些錯誤謹記在心，提醒自己別落入人性弱點的陷阱裡，相信大家都能順利從投資新手變成股市老司機！

第2章

滿 20 歲那年，我給自己的生日禮物

投資的知識範疇很廣，但是不論鑽研哪個領域所帶來的進步，都不會有實際開戶來得快。

前面曾提過，我在大一時，因為選修了「金融市場」這門課，開啟了我與投資的緣分。但無奈當時因為未滿 20 歲，父母又不願意幫我代理開戶，所以一直拖到過完 20 歲生日，才去開立我人生中的第一個證券戶。

到現在我仍然記得，滿 20 歲生日那天是星期六，在過完生日後的第一個銀行上班日（星期一），我特地起了一個大早，翹課帶著證件、印章，迫不及待的去銀行跟證券商辦開戶。

在開戶之後就可以使用證券商的系統看盤，很自然的自己就會去查股市幾點開盤、收盤、某些股票的市場行情，甚至手癢想趕快買股票賺錢。但又膽小怕賠錢，於是又不斷的強迫自己要學看五檔個股與即時走勢，還有學下單的各種操作。

等實際下單後又會開始想，明明當下成交價跟我委託的一樣，為什麼最後沒成交？於是又學會了撮合制度的原理。這種種的學習都是在開戶之後，因為下單系統所引發的疑問與好奇，而這樣的學習效率遠高於捧著一本書讀半天。畢竟下單系統讓你看到的就是市場最真實的狀況，可以說：讀萬卷書不如開一個戶。

如果你還沒開戶，且望著琳琅滿目的證券商廣告不知道該找哪家比較好，或是開了戶但是打開下單系統啥也看不懂。別擔心，本書將會陸續解答你的所有疑問。

1
人生最棒的成年禮，線上就能完成

在我們認識股票交易的各種規則之前，必須先講一件很重要的事——開戶。

交易股票需要兩種帳戶，一種是負責股票存放與交易的證券交易帳戶，另一種是買股票時扣款、賣股票時收錢的銀行帳戶。這兩種帳戶一個只能放股票、一個能放現金，兩者搭配才能確保買賣股票的程序順利進行。

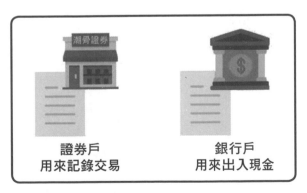

證券戶
用來記錄交易

銀行戶
用來出入現金

圖 2-1　交易股票需要兩種帳戶——證券戶和銀行戶。兩者搭配才能確保買賣股票的程序順利進行。

　　開立證券交易戶時需要填寫買賣付款、扣款所要使用的銀行帳號，因此必須先開好銀行帳戶再到證券商開證券交易帳戶。不論是銀行或是證券交易的開戶，都需要用到兩樣證件，身分證為必備，再加上健保卡或駕照擇一。

> 在本來就有指定銀行帳戶的情況下，也可以帶著存摺去證券商開戶，直接跟他們說你想用這個銀行帳戶付錢，就可以省去再開一個銀行戶的時間了。

　　由於系統越來越完善，許多開戶流程可以透過網頁或是手機App 完成，大幅降低開戶的難易度。

　　但仍有部分銀行為了避免出現人頭戶，會要求開戶最後一步要到銀行現場確認是本人才能完成，但是前面填寫資料的流程可以線上處理。

　　證券交易戶則不會設定任何限制，可以線上就完成所有步驟。完成線上開戶後，會有專人與你聯絡確認，並發送帳戶開通信至你設定的電子信箱。

藍白拖主力投資筆記

雖然股票開戶門檻不高，但對於未成年人（早期須年滿 20 歲才能自行開戶，但自 2023 年 1 月 1 日起，年滿 18 歲即視為成年人）仍有一些限制：

- 7 歲以下：一律由法定代理人代辦開戶。
- 7 歲以上未滿 18 歲之未成年：須由父母陪同開戶。

現場開戶時須準備的文件有：

- 小孩身分證（若無身分證，可用戶口名簿或戶籍謄本）、第二身分證件（如健保卡）、印章。
- 父母雙方的身分證、第二身分證件、印章，若其中一方無法到場，則需要有另一方簽名或蓋印章的授權書。
- 1,000 元（部分銀行會要求須先存入一筆金額）。
- 銀行存摺。

開戶時，記得也要帶小孩去（因要親筆簽名），父母雙方若其中一方無法到的話，則事先跟證券索取或下載前面所提到的授權書。

　　證券商百百種，網路上也有許多招攬客戶的廣告，開戶時該如何選擇呢？

　　許多人會將買賣股票的手續費視為選擇證券商的條件，會試圖找到手續費最便宜的證券商開戶。在投資的過程中，手續費的確會影響獲利的高低，畢竟少耗費的成本就相當於多賺的獲利。然而選擇證券商時還有其他重要的考量因素需要注意。

　　大部分的人在開戶之後，都會選擇使用電腦系統或手機 App 進行下單買賣股票，倘若你開戶的證券商手續費很便宜，但是下單系統或是 App 一天到晚當機或是閃退，那還划算嗎？

　　手續費的比率是 0.1425％，倘若台股急殺時，你急著要打開 App 賣出股票停損，就在此時 App 當機怎麼樣都無法登入，好不容易登入系統要賣出股票時，可能已經過了 5 分鐘，在這段時間內股價的波動就是你額外的損失，且這隨便都會是超過 0.1425％ 的金額。

　　換言之，可能在交易成本上手續費較為便宜，但是因為系統不良而導致的額外虧損遠大於節省成本的比率，形成得不償失的狀況。

證券商手續費，政府規定最高是 0.1425％，買跟賣都會收一次，由證券商收走（見第 105 頁）。

手續費越低的證券商，就越難有足夠的經費做系統更新與維護，導致下單時會遇到當機、無法登入或是無法下單等問題。對於使用下單系統與手機 App 的人來說，系統穩定度絕對是首要選擇，尤其是進行短線交易，甚至當沖的投資人更是如此。

我推薦可使用富邦證券、元大證券、凱基證券，這三間是台股市占率最大的券商，也是我和朋友使用過後覺得系統穩定性沒問題的證券商，提供給大家參考。

圖 2-2　由左至右分別為富邦證券、元大證券、凱基證券的 QR Code，讀者可自行斟酌選擇申請。

圖 2-3　圖為富邦證券線上開戶服務系統畫面。
資料來源：富邦證券。

除了手續費跟下單系統的好壞之外，對於習慣使用融資、融券交易的投資人來說，資券額度可是一個重要的考量因素。

由於每間證券商的融資、融券額度有限制，若證券商的規模較小，通常能提供給客戶的資券額度也會相對較小，因此可能發生想要融資融券時，因為證券商額度不足而無法下單。要解決這樣的問題，就必須挑選規模較大的證券商，例如元大證券、凱基證券、中信證券、富邦、群益。

挑選證券商的另一個參考因素就是營業員。倘若你有好朋友在證券商擔任營業員，別猶豫，趕快去找他開戶吧！

營業員的職責是協助客戶買賣股票，當股票交割款不足時提醒客戶，並且適時的提醒交易風險，或者提供市場即時資訊。倘若有朋友擔任營業員，他必定會給予 VIP 等級的服務，市場的第一手資訊以及風險提醒，絕對都會以最快的速度告知。

最重要的是當交割款不足時，營業員如果同時身為你的朋友，更能夠知道該如何找到你，或是先幫你找到家人代為處理。比起關係陌生的客戶很可能直接提報違約，多一層朋友之間的信任與熟悉，會讓事情的發展有天壤之別。

不過請大家切記，營業員不能代替客戶支付交割款，所以千萬別要求營業員幫你存錢喔！這可是會害他丟了飯碗，在證券商中是絕對禁忌。

身為營業員逢年過節少不了大小禮盒，如果他是你的朋友，三不五時也會請你吃下午茶以回饋你對他的支持。請大家善待自

己的營業員，千萬別讓他們為了你的交割款煩惱。有空的時候也可以帶杯咖啡跟蛋糕去證券商，慰勞一下平常為了你瞻前顧後的營業員！

　　總結上述，整理成如下表 2-1：

表 2-1　挑選券商和營業員的考量標準。

券商	營業員
1. 券商的規模。 2. 所提供的理財工具、下單系統的介面是否合自己的胃口。 3. 離家近或是地理位置方便。 4. 合作銀行。 5. 手續費高低。	1. 本來就認識的。 2. 操守良好。 3. 能夠提供投資上的建議。 4. 自己懂股票且有在交易。

2

股票市場不是便利店，
沒有 24 小時服務

證交所和櫃買中心不是便利商店，沒有 24 小時提供投資人買賣服務。股票的交易都在週一到週五的上班日，依照整張或是零股有不同的規定。

圖 2-4　台股證券交易時間。

整張的股票交易時間從早上的 9:00 開始一路到 13:30。9:00 會出現當天的第一筆交易稱為「開盤」，13:30 的最後一筆交易稱為「收盤」。

開盤時的成交價稱為開盤價，13:30 的最後一筆交易價格則稱為收盤價。雖然說 9:00 才開始交易，但 8:30 過後投資人就可以提前送出自己想要買賣的價格等待開盤。

而台股開盤前在 8:30 到 9:00 之間會有一個「試撮」，顧名思義就是試試看撮合，這段期間掛的買賣單試撮之後，就會有當天最新的股價，但試撮價格只是提供投資人對當天股市漲跌有個參考，也不會成交，除非 9:00 開盤後，試撮時掛的委託單還在，且買賣雙方有撮合成功，這些委託單才會成交。

　　收盤也有類似的制度。13:25 開始所有股票都會暫停交易，投資人一樣可以投入各種買賣委託，直到 13:30 當下撮合，並產生當天的收盤價。

　　除了 9:00 到 13:30 之外，整張的股票還有一個神奇的交易時間稱為「盤後交易」。「盤後交易」顧名思義就是收盤以後的交易，投資人可以在 14:30 以前送出買賣委託，但只有 14:30 一個交易時間。

　　另外一個特色就是盤後交易不能指定價格，一律使用當天的收盤價做買賣。換言之，盤後交易是一個價格固定，且只有一個成交時間的交易模式。

　　零股交易分成兩個時段，基本上都跟著整張股票的交易時間。一個是跟著整張股票的「零股盤中交易」，另一個是跟著盤後交易的「零股盤後交易」。零股盤中交易從 9:00 開始，可以送出買賣的委託，9:10 會進行零股盤中交易的第一次撮合，也就是零股的開盤。

　　開盤後，盤中零股交易會以每 1 分鐘撮合一次的頻率進行交易，直到 13:30 跟整張的股票一起收盤。盤後零股交易的時間跟

整張股票一樣，連方法也很類似。

　　盤後零股跟整張股票的盤後交易一樣，只有 14:30 一個撮合時間，也只會出現一個成交價格。兩者的差別在於，整張股票的盤後交易只能用收盤價做買賣，零股卻沒有限制，可以依照自己的操作決定委託價格。

表 2-2　整張交易與零股交易的差異。

	整股交易	零股交易	
		盤中零股交易	盤後零股交易
股數	1,000 股	1 ～ 999 股	
交易時間	9:00 ～ 13:30	9:00 ～ 13:30	14:30
撮合	逐筆交易。	上午 9:10 起第一次撮合，之後每 1 分鐘撮合一次。	只有 14:30 一個撮合時間，只會出現一個成交價格。
手續費	0.1425%		

　　除了週一到週五的交易時間外，遇到彈性放假需要補班時，台股會不會正常交易？

　　在 2019 年以前的補班日，台股是跟著其他行業一起開盤的，但是礙於許多投資人補班日都在耍廢不想進場買賣，於是修改制度為補班日不開盤交易。

　　除了股票之外，包含期貨、選擇權和基金等金融商品，在補班日也都是放假不開盤。

補班日為什麼不開盤？

外資沒在　　散戶補班日　　政府覺得
跟你補班　　交易不積極　　收支划不來

圖 2-5　遇到彈性放假需要補班的時候，台股是不開盤交
易的，要留意。

3

台股一天漲跌幅頂多 10％，
膽小者免驚

　　為了尊重市場、回歸市場，以利接軌國際之機制，政府於 2015 年 6 月 1 日起，將台股漲跌幅由 7％放寬為 10％。當天的股價最高限制稱為「漲停價」，最低限制稱為「跌停價」。

　　漲停跟跌停是股票市場中的一種防範機制，如果當天某支股票的最大漲幅或跌幅已超過規定的 10％，證交所就會把價格凍住，讓價格不再變動，主要目的是為了穩定市場行情，避免股價暴漲暴跌。

　　最高漲幅為前一日收盤價的 10％，最低跌幅為前一日收盤價的 10％。也就是說，漲停價是前一日收盤價×1.1，跌停價為前一日收盤價×0.9。

　　　　　漲停價＝前一日收盤價×1.1
　　　　　跌停價＝前一日收盤價×0.9

　　舉例來說，鴻海（2317）昨天的收盤價是 100 元，那麼今天鴻海的漲停價會是：

$$100 \times 1.1 = 110 （元）$$

也就是說，就算今天行情再好，股價也只會漲到 110 元，不能再高了。

跌停價則是：

$$100 \times 0.9 = 90 （元）$$

也就是說，就算今天行情非常慘，股價也只會跌到 90 元，不會再更低。

台股跟美股、港股等市場最大的差異就是漲跌幅限制，大部分的國際股市都沒有規範股價單日的漲跌幅，只有短時間劇烈波動可能會有瞬間的熔斷機制（Circuit breaker / Trading curb）。

漲跌停的出現，雖然是為了保護投資人避免過於劇烈的股價波動，但也因為這個機制，導致股票在漲跌停時會有流動性風險。什麼是流動性風險？簡單來說就是當投資人需要取得或是變賣這項投資標的時，出現買不到與賣不掉等無法操作的狀況。

雖然目前臺灣股票市場漲跌幅限制是 10%，但如果是連結「國外股票指數」、「國外大宗商品指數」的 ETF，下跌是沒有限制的！

👀 藍白拖主力投資筆記

　　美股的個股沒有漲跌限制，但有熔斷機制的設定。也就是，當標準普爾 500 指數（S&P 500）較前一天收盤跌 7％、13％時，全美證券市場交易將暫停 15 分鐘；當指數較前一天收盤點位下跌 20％時，當天停止交易。

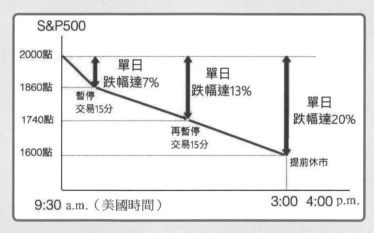

圖 2-6　美股熔斷機制分三階段，分別為 7％、13％、20％。

　　港股同樣有熔斷機制的設定。當股票在 5 分鐘內跌幅或升幅達 10％，會觸發限制交易價格 5 分鐘（稱為冷靜期），在這階段內僅可在參考價的上下 10％範圍內買賣。

4

集合競價類似拍賣會，
逐筆交易就像當鋪

　　撮合是指拉攏並說合的意思，在金融市場中指的是找到條件相應的買賣雙方，並讓他們進行交易。台股有兩種「撮合方式」，一種是「集合競價」，另一種則是「逐筆交易」。

　　集合競價就像是拍賣會，大家聚在一起喊價，出價最高的買家得標。而逐筆交易就像當鋪，每個人各自排隊委託交易，與自己條件相符的，才成交。

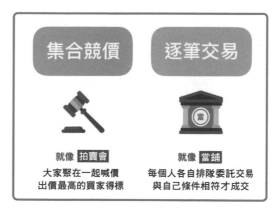

圖 2-7　台股的撮合方式有集合競價和逐筆交易。

撮合順序是以「市價 ＞ 限價」及「價格優先 ＞ 時間優先」為原則。若委託價格相同時,則以下單時間的先後,決定委託單的優先順序。

集合競價

集合競價顧名思義就是集合大家的買賣委託,買進以價高者得、賣出以價低者得,大家以出價的高低作為競爭方式。

證交所或櫃買中心會收集特定時間內,大家的出價與張數進行配對,配對後宣告成交結果,完成一次撮合。

每當完成新的一次撮合,即時的交易資訊右方就會顯示如下圖的五檔報價和成交明細兩個區域。

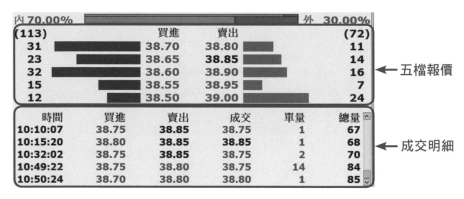

圖 2-8　五檔報價與五檔成交明細圖。

集合競價的委託方式只有一種,叫做當日有效(Rest Of Day,簡稱 ROD)。意思是除非這筆委託成交了,或者下單的人

主動刪除委託，不然直到今天收盤前這筆委託都會維持有效。

逐筆交易

　　無論是買股票還是賣股票，投資人都要先在交易系統輸入自己心目中理想的價位，證交所只要接到任何一筆委託，就「馬上確認」有沒有相符的委託可以進行配對。

　　不論投資人送出委託的結果是「成交」或「繼續等待」，一切都依照先來後到的順序進行。

　　逐筆交易的五檔明細與成交明細，隨時都在隨著新的成交單快速跳動，持續顯示出最新的交易資訊。

　　「逐筆交易」的委託方式有三種：ROD、IOC、FOK。

- ROD：指的是當日有效。意思是除非刪除委託，不然直到今天收盤前這筆委託都可能會成交。

- IOC（Immediate Or Cancel）：指的是立即成交或取消。意思是很想即刻成交，價格符合就成交，未能成交的張數，立即由系統刪除。

- FOK（Fill Or Kill）：指的是全部成交或取消。意思是一定要全數成交，未能全數成交，立即由系統刪除。

　　用大白話的方式幫大家整理一下 ROD、IOC 與 FOK 三種委託的差別，如下頁表 2-3：

表 2-3　逐筆交易簡易說明。

逐筆交易的委託	大白話
ROD	開好條件，看你要不要，等你到收盤。
IOC	急著成交，沒魚蝦也好，但晚來的我就不收囉。
FOK	又急又挑，要就全部拿來，不然拉倒。

　　不論是哪一種委託方式，他們都可以搭配上不同的價格模式，價格模式分為限價和市價兩種。

　　從股價當天的跌停價一路到漲停價之中，只要能夠指定出某一個固定的價格來做買賣，那就稱為「限價委託」。白話文就是：限制在某個價格，或是更有利的價格才能成交。

　　另一種價格模式叫做「市價」，相較於限價講得出某個價格數字來，市價的意思是不論在什麼價格都要求立刻成交。換言之就是：不管什麼價格都給我來一點，只要現在市場能夠讓我成交我就要，因此稱為市價單。

　　舉例來說，在我下單的當下是 38.7 元，就表示我最多用 38.7 元買進（或賣），不然我就不買了（見右頁圖 2-9 左圖）。

　　除了以預設的「現價」購買外，還可以搭配「取價」中的「漲停」（下單當下，不管多少錢，就算是漲停，我都要買或賣）或「跌停」（下單當下，不管多少錢，就算是跌停，我都要買或賣）來下單（見右頁圖 2-9 右圖）。

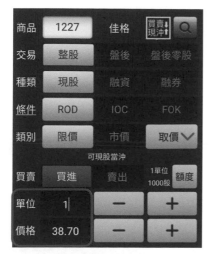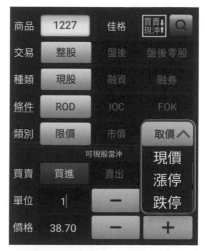

圖 2-9　下單時除了可依現價購買，還可搭配「取價」中的選項交易。

資料來源：元富證券。

表 2-4　集合競價與逐筆交易撮合方式比較表。

撮合方式比較	集合競價	逐筆交易
撮合時間	特定時間撮合一次。	09:00（不含）到 13:25（不含）隨到隨撮。
委託類型	只有 1 種委託類型，限價的當日有效委託單（ROD）。	有 6 種委託類型： • 限價的當日有效委託單（ROD）。 • 限價的立即成交或取消（IOC）。 • 限價的全部成交或取消（FOK）。 • 市價的當日有效委託單（ROD）。 • 市價的立即成交或取消（IOC）。 • 市價的全部成交或取消（FOK）。

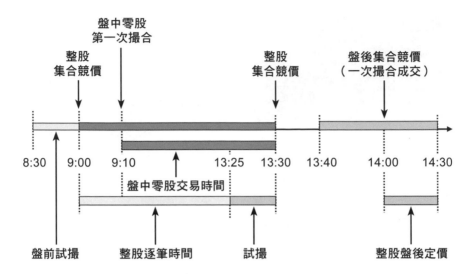

圖 2-10　整股交易／零股交易時間圖。

參考資料：TWSE 臺灣證券交易所。

5

股票交易稅懶人包，魔鬼藏在細節裡

　　開戶之後，在準備進入實際買賣股票的階段，首先會遇到的問題就是：股價要漲多少才算賺錢？

　　關於這點，大家要記得，除了本金外，買賣股票還要再另外支付手續費與交易稅。所以，如果股價的漲幅比這些成本還小，那這筆交易注定是賠錢的。千萬別小看這些手續費，多筆交易累積下來也是滿可觀的，故這個章節就讓我們來了解，股票買賣會產生哪些額外的費用。

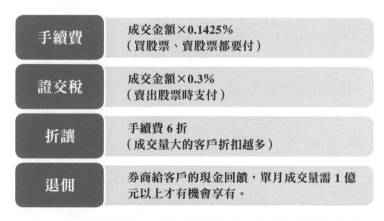

手續費	成交金額×0.1425% （買股票、賣股票都要付）
證交稅	成交金額×0.3% （賣出股票時支付）
折讓	手續費 6 折 （成交量大的客戶折扣越多）
退佣	券商給客戶的現金回饋，單月成交量需 1 億元以上才有機會享有。

圖 2-11　股票是賺還是賠，不能光看成交價，別忘了還有其他的費用。

手續費

　　買和賣股票都必須支付的成本就是手續費，這筆費用是證券商提供下單系統與營業員服務的回報。手續費的收取金額為成交金額的 0.1425%，且買賣都收。

　　舉例來說，買進 1 股 12 元的大是公司股票 1 張，則會被收取約 17 元的手續費：

$$12 \times 1,000 \times 0.1425\% = 17.1（元）$$

　　同樣的，若是以 1 股 12 元賣出股票 1 張，也會被收取約 17 元的手續費。

證交稅

　　證交所和櫃買中心協助買賣雙方撮合，以及對上市（櫃）公司做規範治理。當投資人賣出持股時，證交所與櫃買中心會對投資人收一筆錢，作為他們維持市場秩序，並提供流動性的回報。由於證交所與櫃買中心為官方身分的機構，因此其收取的錢歸類為稅金，稱為「證券交易稅」，簡稱證交稅。

　　證交稅的算法是「賣出的」成交金額乘上 0.3%，舉例來說，假設以 1 股 12 元的價格賣出大是公司股票 1 張，則須支付 36 元的證交稅。

$$12 \times 1,000 \times 0.3\% = 36（元）$$

折讓

折讓是券商給予客戶手續費的折扣，也就是少收一點手續費的意思。通常用手機或電腦網路下單者，券商會給予**手續費 6 折**的折讓，而成交量更大的客戶則能夠享有更低的手續費折數。

退佣

退佣就是另給一筆現金回饋。券商除了可能在手續費上給予折扣之外，還可能另外給客戶一筆現金，作為支持券商的回饋。通常單月成交量需要 1 億元以上，才有機會享有這樣的福利。

總結來說，買進股票時所需支付的金額＝股價總額＋手續費（折扣後）；賣出股票時，所收到的款項＝賣出股票的錢－手續費（折扣後）－交易稅。

舉例來說，買進 1 股 12 元的大是公司股票 1 張，手續費 6 折。除了股價總額 12,000 元外，還需支付手續費 10 元，共需支付 12,010 元。

$$12 \times 1,000 + (12 \times 1,000 \times 0.1425\% \times 0.6)$$
$$= 12,000 + 10$$
$$= 12,010$$

若是以 1 股 12 元賣出大是公司股票 1 張，手續費 6 折。則可收到 11,954 元。

$$12\times1,000-(12\times1000\times0.1425\%\times0.6)-$$
$$(12\times1000\times0.3\%)$$
$$=12,000-10-36=11,954$$

藍白拖主力投資筆記

　　如果你手中持有股票，並且參加除權息領取股利，則這些股利所得將會被計入個人綜合所得稅中，隔年報稅季時課稅，這叫做股利所得稅。

　　而依照現行的課稅制度，股利所得稅的繳納方式可分為合併課稅（股利併入綜合所得稅一起計稅，股利再依比率抵稅）、分離課稅（股利以 28％單獨計稅）兩種，投資人可自行選擇有利於自己的方式報稅。但如果股利所得低於 94 萬元，建議選擇合併課稅較有利。

6

一秒鐘幾十萬上下的下單學

　　首先，要恭喜大家終於要真正踏入投資理財的世界。在這一節將要跟大家討論開完戶後，股票怎麼買。希望能夠幫助你更順利的度過新手時期。

　　下單，簡單說就是買入股票。一般來說，以當前看到的價錢買入股票，通常都會成功。接下來，介紹幾種下單的方式：

- 親自下單：親自到券商櫃檯，填寫委託單，請營業員下單。這種委託方式還有很多程序要走，超麻煩的。

- 電話語音下單：類似語音客服、按鈕選擇服務的概念。

- 電話下單：打電話到證券商，告知你的姓名與券商帳號，營業員就能夠依據你要的股票、價位、張數，幫你進行交易。可別以為如今還在打電話下單的都是老人家，部分職業受限制，上班不能帶智慧型手機，或公司會鎖內網的，也常使用這個方式下單。

- 網路下單：透過手機、平板、電腦等工具，在交易系統輸入想交易的股票、價格、張數等資訊，自行完成委託下單的程序，是目前主流的交易趨勢。

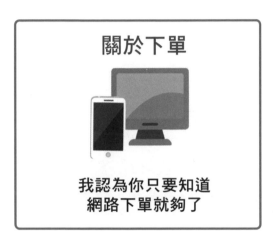

圖 2-12　雖然下單方式有這麼多種，但目前
最常被使用的方式就是網路下單。

網路下單買賣股票流程

前面有提到，網路下單是目前主流的交易趨勢，以下概述網路下單買進股票的流程給大家參考，不同的證券商所提供的交易平臺畫面不同，但大致上大同小異。

Step1　先登入交易平臺，點選「證券交易」，進入證券下單。

Step2　輸入股票代號，若不知道代號，可輸入股票名稱搜尋。

Step3　選擇「買進」（如果要賣股票，則改選取「賣出」）。

Step4　投資新手請選擇使用「現股」，不建議融資或融券（借錢、借股票）方式投資。

Step5　輸入要購買的張數。

Step6　接著再輸入委託購買的交易價格。

Step7　按「立即下單」鈕即可。如果想查詢是否成交，可點選「交易→委託回報」來查詢。

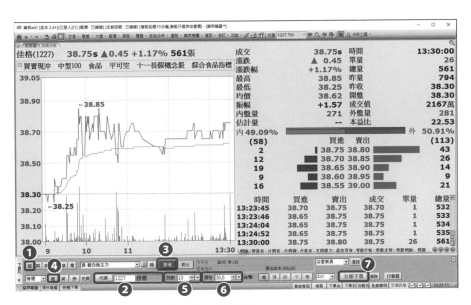

圖 2-13　富邦證券網路下單交易平臺畫面。

資料來源：富邦證券。

為什麼下不了尾數 0.1 元的單？

　　台股最低的價格是每股 0.01 元，也就是 1 張 10 元。當股價從最低的 0.01 元往上漲時，會出現股價越高、波動越大的現象。股價會以一次漲 0.01 元的步伐，慢慢從每股 0.01 元一路上漲到每股 10 元，10 元以後階梯就變陡了。在 10 元以後股價會以 1 個階梯 0.05 元的高度攀升，也就是股價漲 1 個升降單位（Tick）高度，卻是先前的 5 倍。

圖 2-14　股價越高波動越大。

　　當股價一路上漲到每股 50 元時，股價的階梯高度又會再度提高。50 元以上的股價會以一次 0.1 元的高度上漲，也就是 1 張股票的 1 個跳動變成了 100 元。

　　下一個關卡是每股 100 元，在 100 元以後股價的跳動單位放大到 0.5 元。此時 1 張股票會以 1 個跳動 500 元的幅度上漲，相較於最早 1 個跳動才 10 元已經是天壤之別。

當股價上漲到每股 500 元以上時，跳動單位會直接去除小數點，直接以 1 元為級距，也就是一個階梯的高度變為 1,000 元。若股價再次上漲到每股 1,000 元以上時，則股票階梯就會來到 5 元的級距，也就是說 1 個跳動為驚人的 5,000 元。

舉例來說，大立光（3008）2022 年 10 月 14 日的股價為每股 1,800 元（見下圖），由五檔報價中我們可以很清楚的看到是以每股價差 5 元的差距，也就是 5,000 元跳動。

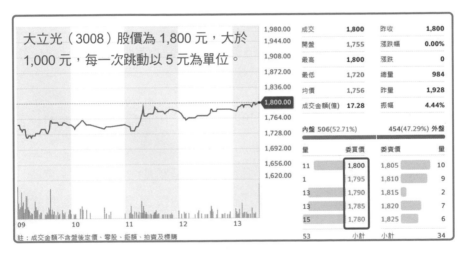

圖 2-15　大立光（3008）股價＞ 1000 元，每次一跳為每股 5 元。
資料來源：Yahoo! 股市。

而玉山金（2884）的股價為每股 23.1 元（見下頁圖 2-16），由五檔報價中可以清楚看到，是以每股 0.05 元，也就是 50 元的價差跳動。

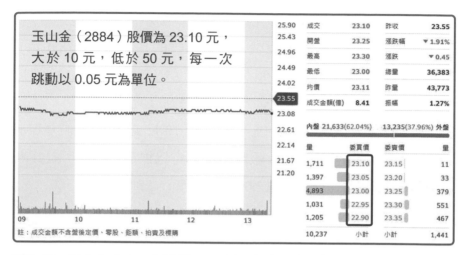

玉山金（2884）股價為 23.10 元，大於 10 元，低於 50 元，每一次跳動以 0.05 元為單位。

成交	23.10	昨收	23.55
開盤	23.25	漲跌幅	▼ 1.91%
最高	23.30	漲跌	▼ 0.45
最低	23.00	總量	36,383
均價	23.11	昨量	43,773
成交金額(億)	8.41	振幅	1.27%

內盤 21,633(62.04%) 　 13,235(37.96%) 外盤

量	委買價	委賣價	量
1,711	23.10	23.15	11
1,397	23.05	23.20	33
4,893	23.00	23.25	379
1,031	22.95	23.30	551
1,205	22.90	23.35	467
10,237	小計	小計	1,441

註：成交金額不含盤後定價、零股、鉅額、拍賣及標購

圖 2-16　玉山金（2884）股價＜ 50 元，每次一跳為每股 0.05 元。
資料來源：Yahoo! 股市。

　　股價在不同位階會有不同的升降單位，也就是不同的階梯高度，但手續費與交易稅卻都是照成交金額計算。正因為存在這樣的差異，交易時會出現不同的股票一樣是跳動 1 階，有些股票已經可以獲利賣出，但有些卻因為加上手續費跟交易稅後還處在虧損中。

　　猶記得剛開始投入股市時，對交易成本沒啥概念，依賴下單系統計算，對手續費沒有敏感度，導致後來嘗試當沖時，既要盯著明細與五檔，又要看即時損益來看漲到哪裡才有賺錢可以出場，導致不管是停損還是停利都慢一拍。

　　後來開始仔細鑽研當沖時，找了市場中許多前輩的直播來學習，這才知道原來手續費比率跟股價跳動的方式有相對應關係。

　　舉例來說，股價 10 元的股票跳動 1 階就可以賺錢了，但 90 元的股票卻需要到第 4 個檔位才能獲利（如下計算說明）。為了在盤中能迅速反應並做出買賣的決策，我才開始認真計算手續費，並歸類交易成本跟股價跳動方式的關聯性。

● 買進股價 10 元的股票

買 1 張股票＝10×1,000＝10,000 元

買進手續費＝10,000×0.1425％≅14 元

漲一個跳動是 0.05＝50 元

若以 10.05 元賣出：

賣出手續費＝10.05×0.1425％≅14 元

交易稅＝10.05×0.3％≅30（若為當沖則交易稅減半為15元）

10,050－14－14－15＝10,007（元）→獲利

● 買進股價 90 元的股票

買 1 張股票＝90×1,000＝90,000 元

買進手續費＝90,000×0.1425％≅128 元

漲一個跳動是 0.1＝100 元。

若以 90.1 元賣出：

賣出手續費的股票＝90.1×0.1425％≅128 元

交易稅＝90.1×0.3％≅270（若為當沖則交易稅減半為135元）

90,100－128－128－135＝89,709（元）→虧損

漲 4 個跳動是 0.4＝400 元。

若以 90.4 元賣出：

賣出手續費的股票＝90.4×0.1425％≅128 元

交易稅＝90.4×0.3％≅207（若為當沖則交易稅減半為135元）

90,400－128－128－135＝90,009（元）→獲利

對於波段操作的人來說，這樣的細微差異也許不是非常重要，然而對於進行現股當沖的投資人來說，輸贏往往就差在一、兩個跳動之間。

現將台股升降單位資料整理成表 2-5，提供給大家參考。

表 2-5　台股升降單位整理表。

每股價格（元）	升降單位	一張股票 1 個跳動的金額（元）
0.01～10	0.01	10
10～50	0.05	50
50～100	0.1	100
100～500	0.5	500
500～1000	1	1,000
＞1000	5	5,000

7
違約交割是有刑責的，
新手記得念三遍

　　就跟買東西一樣，一手交錢，一手交貨，
用在股票買賣上，就叫做「交割」。

　　如果是買進股票，成交時在交割戶頭當中扣取交割款項，並
在集保戶頭裡存入股票。如果是賣出股票，則會在交割戶頭當中
存入交割款項，並在集保戶頭裡提出股票。只不過，台股在買股
票後並不會立即扣款，會等到成交的兩天後（也就是 T+2，T 是
指成交日）才扣款，最晚需要在交易日後第二天 10:00 前把錢匯
入扣款的銀行戶頭。

　　這裡我們以天數來說明：

　　第一天（T 日）：買賣成交。
　　第二天（T+1 日）：券商交割部門準備辦理交割作業（取得股
票、失去股票），投資人需確定用來交割的銀行戶頭裡有錢。如

果在第二天中午還沒存到銀行，營業員就會打電話來關心。

第三天（T+2 日）：一手交錢，一手交股票（付出價款、收到價款）。

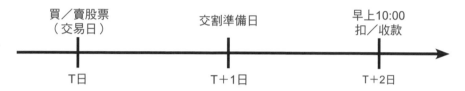

圖 2-17　買賣股票交割流程圖。

而自 2002 年 5 月 9 日起，台股「T+0」賣股當天變現正式上路，投資人若有資金需求，只要完成線上申請，賣股當天（T）就可收到現金，不用等兩天。

不過需要注意的是，並不是可以無償選擇這種方法，仍須支付 1 ～ 2 天利息作為代價。

交割時間若遇到假日、颱風等因素造成股市休市，則自動順延。

當「買股票成交之後，扣款不成功」（交割戶現金不夠），或者「賣股票成交後，沒有給股票」（集保戶股票不夠），就會造成

違約交割。

違約交割除會造成投資人信用不良外，更可能面臨民事、刑事與行政等責任和後果，以下是常見的違約交割後果：

- 罰款：除了原本必須支付的交割金額外，券商還可以跟客戶收違約金，最高可收成交金額的 7％，實際金額以法院審理結果為主。

- 影響借貸信用：違約紀錄會被登錄到聯合徵信中心系統，往後要辦貸款、信用卡都會受到影響。

- 凍結名下證券戶：所有的證券戶都會被凍結，因為其他券商也會怕你買股票付不出錢。

- 無法再開其他證券戶：如果想再開戶也會被拒絕，總之就是臭名遠播。

- 刑事責任：違約交割情節重大，足以影響市場秩序者，可能會面臨 3 年以上、10 年以下之相關刑責。

違約交割對日後辦理各種金融業務都會造成很大的麻煩，因此交割時千萬要注意！

8
獲利的關鍵，看懂即時走勢圖

　　打開券商的下單軟體，點開個股看到的第一個畫面就是即時走勢圖（下圖左半部）。這個章節就來帶大家看看什麼是即時走勢圖，我們以佳格（1227）來舉例說明。

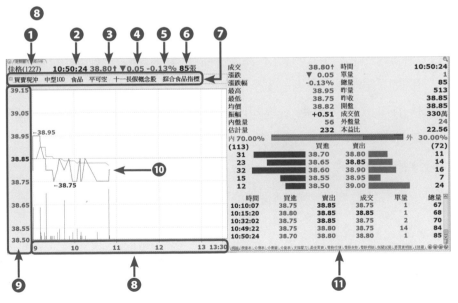

圖 2-18　佳格（1227）股價即時走勢圖。

❶ 1227：這個是股票的代號。證交所與櫃買中心在股票登錄時，會給每個公司一個獨一無二的代號，就像是他們的身分證字號。

❷ 10:50:24：最接近當下的一筆成交單是什麼時候成交的。

❸ 38.80：最接近當下的一筆成交單成交在什麼價格。

❹ ▼ 0.05：當下價格與昨天收盤價的漲跌。以「▼ 0.05」來說，就表示當下價格比昨天收盤價跌了 0.05 元。

❺ –0.13％：當下價格與昨天收盤價的漲跌幅度。以「–0.13％」來說，就表示當下價格比昨天收盤價跌了 0.13％。

❻ 85 張：今天開盤到目前為止成交幾張股票。

❼ 「買賣現沖、中型 100、食品、十一長假概念股」：這行字是在說明這個股票的特質，算是把個股分門別類。「買賣現沖」是指可以放空跟做多雙向現股當沖；「中型 100」是指這檔股票為臺灣中型 100 成分股；「食品、十一長假概念股」則是指這檔股票的產業類別或是特殊分類。

❽ x 軸：開盤到收盤的時間軸。

❾ y 軸：就是股價。

❿ 股價走勢，也就是當天的即時走勢。這條線段就是即時走勢圖的主角，許多數據都是由此延伸而來。

⓫ 五檔：包含五檔報價和即時的交易資訊。

　　看完了即時走勢圖，我們一定無法忽略旁邊滿滿都是數字的
五檔。接下來帶大家看看這個充滿數字的區域（見圖 2-19）。

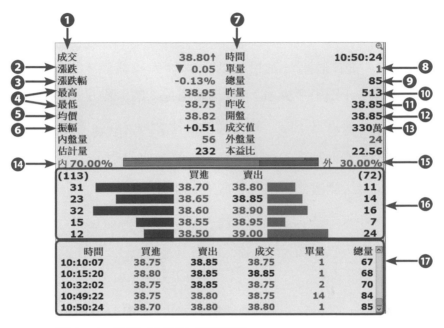

圖 2-19　佳格（1227）五檔資料。

❶　成交：成交價。最接近當下的一筆成交單成交在什麼價格。

❷　漲跌：當下價格－昨天收盤價，也就是當下價格與昨天收盤
　　價的漲跌。以「▼ 0.05」來說，就表示當下價格比昨天收盤
　　價跌了 0.05 元。

❸　漲跌幅：漲跌 ÷ 昨天收盤價，也就是當下價格與昨天收盤價
　　的漲跌幅度。以「–0.13％」來說，就表示當下價格比昨天的

收盤價跌了 0.13％。

❹ 最高、最低：分別指當天的最高價、最低價。

❺ 均價：（單量 × 價格＋單量 × 價格＋……）÷ 當天總成交量，也就是今天這檔股票的平均價格。

❻ 振幅：（當日最高－當日最低）÷ 昨天收盤價，也就是（漲了多少％＋跌了多少％），計算股價最大的波動是多少。

❼ 時間：最接近當下的一筆成交單是什麼時候成交的。

❽ 單量：最接近當下的一筆成交單成交幾張股票。

❾ 總量：今天開盤到目前為止成交幾張股票。

❿ 昨量：昨天總共成交幾張股票。

⓫ 昨收：昨天收盤價。

⓬ 開盤：今天開盤價。

⓭ 成交值：（單量×1,000 股×價格）＋（單量×1,000 股×價格）＋（單量×1,000 股×價格）＋……，也就是今天這檔股票的所有買賣，所創造出的現金價值。

⓮ 內盤：內盤就是股票的成交價為委買價，說明投資人都急於拋售股票不願持有。「內 70.00％」就表示今天有 70.00％的成交張數在委買價成交（內盤成交多，股價跌）。

⓯ 外盤：外盤就是股票的成交價為委賣價，說明投資人爭先恐後想買進股票，深怕自己買不到。「外 30.00％」就表示今天

有 30.00％的成交張數在委賣價成交（外盤成交多，股價漲）。

⓰ 五檔報價：可以將圖片上的這五檔數字想像成去餐廳排隊用餐的狀況。

想買進這個股票的人很多，大家必須按規矩排隊（也就是五檔），願意出高價的人可以比較快買到股票。而在餐廳內用餐的客人，就是正在撮合的交易，用餐完畢結帳拿收據的人，則是成交明細（見圖 2-20）。

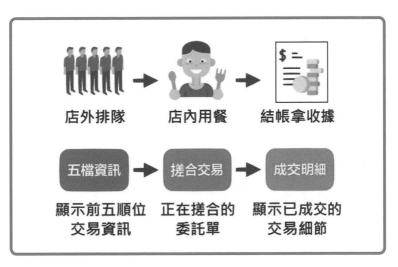

圖 2-20　什麼是五檔？就像去餐廳排隊吃飯。

同樣的，賣方也得排隊，願意用較低的價格脫手股票的人，可以優先賣出股票；若想高價賣出股票者，就只能排後面慢慢等。

如果買方等不及、不想排隊，就只好去看賣方排隊的第一個是誰，出多少價，並調整自己的價格跟他買進，這樣的做法稱為「以委賣價買進」。

相反的，若賣方不願意等待，直接降低自己的價格，以求快速出售，則稱為「以委買價賣出」。當買方等不及，而向賣方買進的成交單稱為「外盤成交」；當賣方等不及，而向買方賣出的成交單稱為「內盤成交」。

⑰ 成交明細：包含成交時間、當下五檔的委買委賣價格、成交價格、成交張數。

即時走勢圖旁邊的明細欄位能夠完全說明股價的走勢，最高竿的投資人能把成交明細當一篇故事來看，通常當沖交易者想培養的就是這樣的能力。

而買進、賣出與成交的數字顏色，取決於那個股價數值與昨天收盤價的高低，高於昨天收盤價為紅，低於昨天收盤價為綠。

至於成交張數的顏色，則取決於成交方式。例如第 123 頁圖 2-19 中的時間 10:15:20 當下，投資人願意用 38.8 元買進、38.85 元賣出。

而單量 1 張是紅色的，表示買方主動用 38.85 元買進，而不是用 38.8 元等待成交。這表示買盤比較踴躍，也就是外盤比內盤踴躍。

藍白拖主力投資筆記

　　為什麼有些數字是反白外加框框？股價的漲跌停限制為前一天收盤價的上下 10％，當股價來到漲停時，價格會以紅色框框並反白價格數字顯示；跌停時則以綠色框框反白價格數字顯示。

漲停

時間	成交價	漲跌	成交張數
13:21:55	470.5	▲ 42.5	19
13:21:50	470.5	▲ 42.5	139
13:21:25	469.5	▲ 41.5	25
13:21:00	468.5	▲ 40.5	1
13:20:45	468.5	▲ 40.5	2

圖 2-21　股價漲停時，會以紅色框框並反白價格數字顯示。
資料來源：Yahoo! 股市。

盤中股價變動要看什麼？

　　股市瞬息萬變，到底盤中該看哪些資訊來協助自己判斷股價波動？首先要注意的是漲跌幅。漲跌幅其實包含了兩個重要的資

訊,「漲跌」和「幅」。

股價除了平盤不動之外,不是漲就是跌,了解漲跌就像是先搞清楚股價是在天堂還是地獄。幅度的重要性在於,股票一天最大的波動就是漲跌停,了解股價在有限的波動空間裡處在什麼位置,能夠協助判斷後續可能的走勢。

從漲跌幅判斷股價當前處在的狀況之後,接下來要看的就是走勢圖。走勢圖可以非常完整的展示出一檔個股開盤後的所有表現,究竟行情是上下劇烈波動,還是死氣沉沉像睡著了,都可以一眼看出。

由於走勢圖具有時間軸,我們可以搭配線的上下作為判斷個股狀態的依據。

倘若走勢圖像一條橫線,那這檔股票無庸置疑今天沒啥波動,然而即便是條水平的橫線,我們也能從線的高度搭配漲跌幅,知道股價今天在什麼樣的位階來回游走。

倘若走勢圖是從左下往右上走(見右頁圖 2-22),我們就可以知道今天這檔個股走勢挺強的,一路上漲不回頭。

反之如果線型是從左上角一路掉到右下角,這檔股票今天就是跌跌不休的弱勢行情。

除了以上三種大致的判斷之外,還能衍生出許多不同盤勢的分析,但不論盤勢如何變化,都是從走勢圖去判斷的。

透過漲跌幅和走勢圖掌握個股當下的狀況之後,我們來看一些可以判斷股價短時間內走勢的數據。

圖 2-22　走勢圖從左下往右上走，表示走勢強勁，一路上漲。

　　五檔的委買和委賣是一檔個股買賣雙方在當下角力的表現（見下頁圖 2-23 上半部），由於五檔以外的委託價格距離當下成交價較遠，因此參考性較低。

　　在逐筆交易的制度下，五檔中的委買和委賣隨時有可能會成交，委買、委賣張數的參考性極高。

　　看委買的總張數跟委賣的總張數誰多，就像是看戰場上雙方誰占上風一樣的道理。至於兩邊到底是短兵相接的近戰，還是大後方補給與前線支撐，這就要看五檔中各個檔位張數的分布。

　　觀察五檔張數的分布可以協助判斷，個股將強勢的往上或往

下走出一段行情，或者是在這個位置穩固的徘徊一段時間。這樣
的判斷對於尋找股票的買賣時機點有很大的幫助。

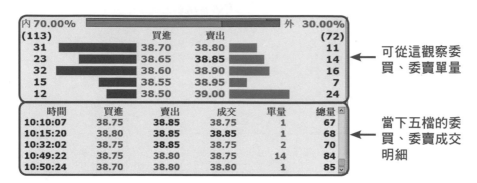

內 70.00%					外 30.00%
(113)		買進	賣出		(72)
31		38.70	38.80		11
23		38.65	38.85		14
32		38.60	38.90		16
15		38.55	38.95		7
12		38.50	39.00		24

← 可從這觀察委
買、委賣單量

時間	買進	賣出	成交	單量	總量
10:10:07	38.75	38.85	38.75	1	67
10:15:20	38.80	38.85	38.85	1	68
10:32:02	38.75	38.85	38.75	2	70
10:49:22	38.75	38.80	38.75	14	84
10:50:24	38.70	38.80	38.80	1	85

← 當下五檔的委
買、委賣成交
明細

圖 2-23　搭配五檔資料可觀察交易量與成交明細。

　　另一個搭配著五檔一起觀察的重要數據就是成交明細（見上
圖下半部）。成交明細就像流水帳一樣，打從開盤開始就持續記
錄著每一筆交易的資料直到收盤。由於資料太過龐大，盤中大部
分只分析最靠近當下的幾筆明細。

　　分析明細可以拆成兩個部分，第一個是觀察單量。單量是指
每一筆成交明細所成交的股票張數。當某筆明細的單量很大時，
就可以推測有主力、大咖正在買賣。相較於五檔的委買和委賣張
數，觀察成交明細更為準確。

　　因為五檔的委託還能刪除，或修改價格與張數，但是成交明
細毫無賴帳的餘地，因此有實際投入資金交易所產生的成交明
細，在判斷行情上更為準確。

除了單量大小之外，成交明細的另一個分析面向就是連續性。前面提到大單代表有主力在買賣，但是我們怎麼知道有大單股價就會漲或跌？萬一這個主力做長期投資，10 年買進一次，剛好就是現在，你做短線交易看到大單，也跟著它一起進場，結果股價就此陷入盤整。

為了避免這種狀況，我們可以觀察明細的連續性，在大單的前後是否有同方向的明細持續冒出。

當同樣是買進或賣出的明細有大單持續出現時，通常代表這檔股票不是只有一個主力在關注，而且現在他們看法一致，才使得明細出現大單連續買進或連續賣出。

在確定大單的方向，及確定這個方向具有連續性時，我們就可以判斷股價很有可能會繼續沿著這個方向走下去。

盤整是指股價進入整理階段，在一段時間內波動幅度小，無明顯的上漲或下降趨勢。

9

股票也有抽抽樂，每次成本 20 元

除了證交所和櫃買中心掛牌的上市、上櫃股票之外，還有許多種類的股票都可以進行買賣。和上市、上櫃股票最貼近的，就是櫃買中心負責監督的興櫃股票。興櫃股票同樣可以透過電腦軟體、手機 App 和打電話給營業員等方式下單，但在交易時段以及交易單位上稍有不同。

興櫃股票和上市、上櫃股票一樣都是 9:00 開盤，但可以持續交易直到 15:00。除了交易時間更長之外，興櫃股票的買賣單位也不同。

上市、上櫃股票包含整張與零股兩種交易模式，投資人可依照各自的需求選擇操作，並在不同的手機與電腦畫面進行下單。

然而在興櫃股票當中，整張和零股交易是合併在一起交易的（見下頁圖 2-24），下單時是在同一個介面上輸入想要的交易條件，只需在交易單位上選張數或股數就好。

但正因為整張與零股的下單畫面相同，在買賣興櫃股票時必須特別注意，避免弄錯交易數量單位。

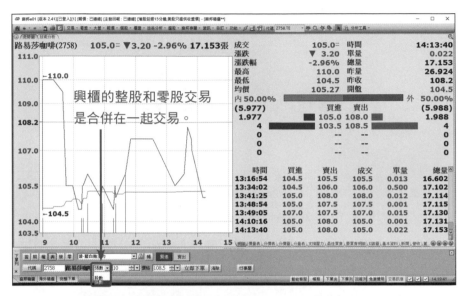

圖 2-24　興櫃股票下單時，要留意下單的單位。
資料來源：富邦證券。

　　還有興櫃股票也不能現股當沖，也就是不能當日買進、賣出相同張數的同一檔股票。

　　另外，需要特別留意的是，興櫃交易市場不存在漲停、跌停的規定，簡單來說，興櫃股票可以一天直接跌到歸零，也可以漲到無法無天，這樣的特性也使得興櫃股票的交易風險比上市、上櫃股票還要高。

　　舉例來說，假設 9:00 以每股 300 元買進一檔上市、上櫃股票，若 10:00 股價跌至 280 元，投資人可以選擇先把股票以現股當沖的模式賣出，馬上停損（就算沒停損成功，今天最多也只會跌到跌停板）。

　　然而同樣的狀況，若買進的是興櫃股票，不但買進後不能當天賣出停損，股價還可能從 300 元直接跌到 0 元。

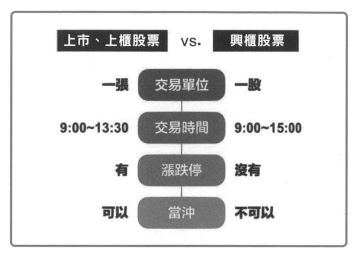

圖 2-25　上市、上櫃股票和興櫃股票交易制度比較圖。

　　上市、上櫃和興櫃都是針對廣大的投資人，建立了完整的交易方式與規則，只要開立證券交易的帳戶都可以參與買賣。但有一些股票並沒有經過證交所或櫃買中心的監督與交易，而是直接在股東之間透過非官方的網路系統，或私人介紹買賣雙方而進行交易。這樣的股票許多人稱為未上市股票，也就是未公開發行的意思。

　　由於未公開發行的股票缺乏有制度的交易模式，也沒有具規模的撮合者來媒合買賣雙方（證交所和櫃買中心不處理未上市股票的買賣），故在交易上非常不便且缺乏保障。

股票抽抽樂，中獎率比樂透高

　　除了未公開發行的股票之外，還有一種介於已公開發行跟未公開發行之間的股票，稱為 IPO，可稱為新股掛牌（首次公開募股）。這類的股票在正式掛牌開始買賣之前，依規定必須提供一定比率的股數給投資人申購，因此稱為「股票申購」。

　　由於通常申購價格會低於市場上流通股票的價格，且參加抽籤的成本只有 20 元，比買大樂透還便宜，雖然中籤率略低，約 1％左右，但也高於大樂透三獎的 0.001％，所以常會吸引超過該比率股數的投資人登記。

　　為了公平起見，就必須由證交所的電腦隨機抽籤，決定哪些投資人可以認購，所以又可稱為「股票抽籤」。

　　股票抽籤時會規定每個人可認購的張數，大都是每人 1 張，但偶爾也會有 2 張、3 張，當規定每個人可申購多張，如 3 張時，投資人就一定要申購 3 張，不能因為錢不夠，只想抽 1 張，這樣是不行的，規定多少張，就是要申購多少張。

　　此外，雖然參加抽籤的成本只要 20 元，但這不代表抽到就穩賺不賠，新股投資還是有風險的。

　　第一個風險是在抽籤的過程中價差不見了。新股從開始申購登記、抽籤、實際撥券，這中間約需 6 ～ 9 個交易日，萬一市場突然有不利因素出現，市價和申購價的價差又不夠大的話，很可能拿到股票時，市價早已跌破承銷價，造成不賺反賠的情況。

　　第二個風險就是沒有蜜月期（指剛上市的前 5 天）。通常在

股市大多頭，交易熱絡時，新股上市櫃後較容易出現一波蜜月行情價。但這也沒人能保證，也有可能一掛牌就跳空。

　　舉例來說，八方雲集（2753）在 2021 年 8 月 30 日至 9 月 1 日公開申購，申購價為 155 元，外界一片看好，9 日掛牌後，當日股價最終以 167 元作收，之後股價持續下跌，14 日時最低更跌至 149 元，跌破承銷價，當時網路一片哀嚎。

　　以上這兩個新股申購風險都是投資人必須特別留意的。

　　如果想參加抽籤，最基本的必須要有台股帳戶，接著到證券商交易平臺中的「股票申購」查看，目前有哪些股票有開放申購。申購的內容務必要看清楚，如扣款日、抽籤日、還款日、撥券日期等，如果確定要參加申購，再按「申購」鈕即可。

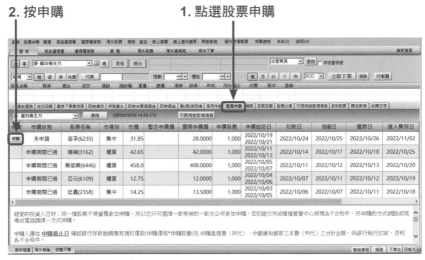

圖 2-26　股票申購時的操作步驟。
資料來源：富邦證券。

請務必要在扣款日前將足夠的款項（除了申購價外，還要額外多加 20 元手續費和 50 元中籤郵寄費用）存入帳戶才能參加抽籤。以上頁圖 2-26 為例，假設藍白拖要參加華孚（6235）的抽籤，那就必須在 10 月 24 日之前存入 28,070 元。

$$28,000＋20＋50＝28,070（元）$$

若是未中籤，就會在 10 月 26 日扣除 20 元手續費後，退還 28,050 元。若是中籤，則會在 11 月 2 日將股票撥入集保帳戶。

由於新股掛牌後的前 5 個交易日並沒有漲跌停的限制，如果有抽中股票，建議在撥券當天就可以考慮賣掉，畢竟錢進口袋才是真的賺。

看到這或許有人會想說：既然是用抽籤的，為了增加中獎機會，那就多開幾個證券戶來抽不就好了？這樣是不行的，每檔新股（或現金增資股票），每人每次只能提出 1 個申購的申請，如果多家重複申請會被全部取消。

前面曾提到，現金增資也可透過申購購買，所謂的現金增資，簡單來說就是公司缺錢，為了得到現金而發行更多的股票。缺錢不見得都是壞事，有時公司想拓展新的業務或研發新技術，也會需要資金，投資失利或營運虧損也會需要錢，因此看到現金增資時，可以先去研究一下原因再來判斷好壞。

參與現金增資的方式有兩種，一種跟前面所說的 IPO 一樣，透過抽籤來進行，另一種則是股東的優先認購。

優先認購針對的是已經是這間公司的股東，意即：既然你都已經投資我了，要不要投資更多呢？公司會提供既有股東插隊的權利，他們可以不用抽籤，直接繳錢取得現金增資的股票。

現金增資的股票跟舊的股票一樣嗎？在會計學以及公司登記上是不同的，現金增資後舊的股票會揉掉丟垃圾桶，再用印表機印出新的股票發給股東。

然而在實務操作上，股票名稱、代號等資料都不變，對投資人來說取得現金增資的股票，跟自己既有的股票其實是一樣的，只會看到股數增加，而不會看到不同種的股票出現。

👀 藍白拖主力投資筆記

如果對股票抽籤有興趣，除了可透過前面提到的證券商交易平臺查詢公開申購的公告外，也可以到臺灣證券交易所的抽籤日程表查詢。

臺灣證券交易所公開申購公告（請掃描 QR Code）

10

藍白拖最愛季季配，
春夏秋冬都有錢領

　　除息和除權在前面章節有略為提到，在這一節，我們將進一步來看看究竟除權息時，股價會發生什麼事。

　　前面我們提過，股票是證明企業經營權份額的一張紙，倘若這間公司經營不善，錢都花光光，公司會庫空空如也什麼都沒有，連倉庫跟辦公室租金都付不出來了，那擁有這間公司的股票可以說是毫無意義，且它的股票價格應該也是零。

　　假設 A 公司窮得只剩下 1 萬元，而公司股東有 10 位，每人各持 1 張股票（1,000 股），當 A 公司除息 1 股配 1 元時，公司就剛好半毛不剩了！除權息之前，公司股票的合理價值就是剩下的那 1 萬元，也就是 1 股 1 元，倘若除權息把 1 萬元發給股東，那公司價值就歸零了。

$$10 \times 1,000 = 10,000$$
$$10,000 - 10,000 = 0（元）$$

如果 A 公司除息前的股價和除息後一樣，那就出現不合理的狀況，公司明明一文不值卻還有 1 股 1 元的價格。為了避免以上不合理的現象發生，除權息時，公司股價會做出調整，以反映發出去的現金和股票價值。

除權息參考價指的就是，除權息前的股價經過調整後的價格，目的是在除權息後給投資人一個合理的價格參考依據。除息就是配發現金股利，其參考價計算較為簡單且直觀，公式為：

除息後股價＝除權息前的股價－公司每股配的金額

舉例來說，B 公司除息前股價為 100 元，每股配發 5 元現金股利，則除息後的參考價為：

100－5＝95（元）

也就是說，除息前，這張股票市值 10 萬元，除息後股價變成 95,000 元，另外可得到 5,000 元的現金股利（1,000×5 ＝ 5,000）。

而除權為配發股票股利，其參考價計算方式為：

$$除權後股價＝\frac{除權息前的股價}{1+\dfrac{股票股利（元）}{10}}$$

舉例來說，若 C 公司除權前一日收盤價為 80 元，每股配發

股票股利 5 元，代表每持有 1 股 C 公司股票可以領到 0.5 股（每 1 股股本 10 元，配 5 元股票股利相當於每 1 股配 0.5 股，1 張配 0.5×1,000＝500 股）。除權後的參考價為：

$$\frac{80}{1+\dfrac{5}{10}} = 53.3（元）$$

　　也就是說，配股後會多拿到 500 股股票，總股數變成 1,500 股，而股價除權後，會變成 53.3 元。

　　那當既除權又除息時又該如何計算？其實只要把除權的公式跟除息的公式拼在一起就好了。

$$\frac{除權息前的股價－現金股利金額(元)}{1 + \dfrac{股票股利（元）}{10}}$$

　　舉例來說，若 D 公司股價 60 元，每股配發現金股利 2 元以及股票股利 2 元，則除權息後的參考價為：

$$\frac{60-2}{1+\dfrac{2}{10}} = 48.3（元）$$

　　除權息參考價既然稱為「參考」，就代表不是絕對準確，只是為了給投資人衡量除權息後股價的合理數字是多少。有些公司

產業前景看好，除權息後雖然理論上價格該往下調整，但因為投資人撿便宜搶好康的心態，股價搞不好不跌反漲。

相反的，如果公司未來堪憂，除權息後的調整價可能只調低 1 元，可是投資人腳底抹油，爭先恐後賣出的心態反而可能讓股價跌 5 元。

那如何判斷手中還沒除權息的股票，究竟是腳底抹油趁早賣出，還是應該繼續持有參與除權息？

除權息的本質是，公司透過發放股利把股價變成投資人手裡的現金，許多人都用左口袋的錢換到右口袋的錢來形容除權息。那麼除權息到底好在哪呢？

除權息的重點在於「填權」跟「填息」，意思就是自己挖坑自己填。當股價除息後，把下調的幅度漲回去就稱為「填息」；而股價除權後把下調的幅度漲回去就稱為「填權」。重點並不在除權息配多少，而是除權息後能否填權息！

在指數大幅下跌後，手上的股票即將除權息到底該怎麼辦？我認為如果你的股票不受指數影響，而且有過很長的一段漲幅，這個時候可以比較安心的參與除權息，就算後面無法順利填權息，也不過是吐回一點前面的價差獲利，不至於全盤皆輸。

但如果手上的股票持續下跌不止，我則會認為腳底抹油先跑為妙。

雖然也有人認為漲多代表大家都想參與除權息，後面容易下

跌，反而應該先賣掉。而跌跌不休的股票除權息後價格更低，可以撿便宜繼續持有。不過，我比較喜歡順著趨勢分析，因此思路為強者恆強，弱者恆弱。

然而跟我的想法相反也並沒有錯，甚至發生機率還不低。那麼究竟該不該提前賣出股票？其實只要有自己的想法都是對的。畢竟金融市場沒有 100％定律，唯有完整的交易策略才是最佳應對方式。

👀 藍白拖主力投資筆記

如果想要參加除權息的話，要特別留意該公司公告的「除息日」與「除權日」，不是隨時買股票都能領。

大部分股票都是一年配息一次，大都落在每年 7、8 月（但也有例外的情況，例如台積電〔2330〕就是「季季配」，也就是 3 個月配一次），所以大約 6 月左右就可以開始留意「除權日」與「除息日」，想要領到股利，就一定要在除息前一天買進，如果是除息日當天才買進，則今年是沒有股利可領的。

　　舉例來說，下圖為台泥（1101）歷年股利政策，2022年除息日為 7 月 21 日，故如果想要領到股利的話，最晚必須在 7 月 20 日（含）之前購買股票。

股利所屬期間	現金股利	股票股利	現金殖利率	除息日	除權日	現金股利發放日	股票股利發放日
2021	1.00	1.00	2.40%	2022/07/21	2022/07/21	2022/08/22	2022/08/22
2020	3.37	0.00	6.59%	2021/08/12	-	2021/09/10	-
2019	2.50	0.50	5.38%	2020/08/12	2020/08/12	2020/09/16	2020/09/16

圖 2-27　有意要參加除權息的話，須留意公告的除權息日。

　　另外，還需要特別留意的是，前面所提到的除權息日，並不是實際發放股利的日期，一般來說，股息大概會在一個月後才入帳，以上圖的台泥來說，除權息日為 7 月 21 日，但現金股利和股票股利發放日則是落在 8 月 22日。

第**3**章

找買賣點有 3 種
方法，懂一種就夠

凡是關注過投資相關議題的人都知道，分析股價有三大方式：基本面、技術面與籌碼面。相信大家心裡絕對想過這個問題：基本面、技術面跟籌碼面到底哪個最厲害？哪一種能夠最精準的預測股價？

其實這三種分析沒有辦法排列出強弱與優劣順序，因為這三種方法是針對不同的投資策略而制定的。

剛開始投入股市時，我完全沒有這樣的概念，把每種能想到的方法都用上了。看到財經新聞講某間金融股基本面良好，我就開始研究。又看了三大法人的籌碼面資訊，發現外資持續買超，我就火速進場買進。

雖然不記得最後這筆交易是賺還是賠，但可以確定的是，不論賺賠金額都非常小。

因為我用了短線交易的技術分析來做出場的判斷，股價稍微轉弱我就賣出了。這筆基本面選股、籌碼面進場、技術面出場的交易，雖然沒有讓我賠大錢或賺大錢，但毫無章法的胡亂選用分析方法卻讓我印象深刻。

在探討基本面、技術面與籌碼面的使用方法與交易策略之前，先讓我們好好剖析它們的本質。

此外，股東權益報酬率（ROE）、每股盈餘（EPS）和隨機指標（KD）、平滑異同移動平均線（MACD）這些名詞你一定都聽過，主力坑殺散戶或主力倒貨賣超等用詞也都有所耳聞，就讓我們從這些基本的名詞開始，依序來認識分析股票的三個面向。

1

從公司基本面看價值，
花時間，卻踏實

　　基本面指的是看公司的產業前景與獲利能力，通常會針對財報進行分析。

　　基本面分析的範圍包含三大財務報表的判讀，並分析 EPS、本益比等指標。主要目的在於找到一間能夠長期穩定獲利的公司，並長期持有該公司股票，以賺取獲利分配（除權息）與公司成長（股價長期上漲）。

　　損益表、資產負債表、現金流量表是財務三大報表。

　　基本面分析的特色在於非常容易入門，但難以精通。因基本面的基礎在於分析公司財務報表，對於會計一竅不通的人，必然無法理解財務報表當中的內容，但由於利用財務報表計算出來的

一些財務數字概念不難，故大部分的人還是能輕易理解這些數值的意義與好壞。

圖 3-1　基本面指的是看公司的產業前景與獲利能力，通常會針對財報進行分析。

三大參考指標：EPS、ROE、本益比

接下來介紹的這三個指標，可以讓你了解公司營運的狀況，沒聽過這些指標，千萬別說你有在關心股市。

- EPS（Earning Per Share）：每股盈餘，公司 1 股賺多少錢（公司募集 1 股的面額所創造的效益）。其公式為：

$$EPS = \frac{稅後淨利}{在外流通股數}$$

舉例來說，假設某間公司一年淨賺 2,000 萬元，這間公司發行了 100 萬股股票，那麼當年的 EPS 就是：

$$\frac{2,000}{100} = 20$$

每股盈餘越高，表示公司越賺錢，身為股東的投資人，會有較多的收益。

- ROE（Return On Equity）：股東權益報酬率，股東出 1 元，公司能幫他賺回多少錢（我花 1 元投資這間公司的效益）。其公式為：

$$ROE = \frac{稅後淨利}{股東權益} \times 100\%$$

舉例來說，假設某公司一年淨賺 1,000 萬元，股東權益為 4,500 萬元，那麼股東權益報酬率為：

$$\frac{1,000}{4,500} \times 100\% = 22\%$$

股東權益報酬率越高，表示公司為股東賺回來的錢越多，賺錢效率越好。如果說每股盈餘（EPS）是用來評估企業獲利的能力，那股東權益報酬率（ROE）則是用來評估企業賺錢的效率，也就是企業經營能力。

- 本益比：本益比可以簡稱為 P/E 或 PER（Price-to-Earning Ratio ）。意思是現在花錢買股票，公司多久能幫我把本金賺回來（我花 1 元買股票，公司多久能幫我賺回 1 元）。通常是用來判斷股價現在是便宜或貴的依據，其公式為：

$$本益比 = \frac{股價}{EPS}$$

例如，假設某公司股價為 10 元，預估未來每年的每股盈餘是 2 元，那麼本益比為：

$$\frac{10}{2} = 5$$

換句話說需要 5 年才能回本。本益比越低，代表投資人能夠以相對較低價格購入股票，或是能較快回收本金。

　　EPS 跟 ROE 都是衡量企業會不會賺錢、經營能力好不好的指標，本益比則是從 EPS 延伸的概念，是在 EPS 固定之下，以現在的股價買進究竟有多划算。

　　當本益比越高時，代表付出的成本越高，也就代表這筆投資沒那麼划算。簡言之，EPS 跟 ROE 都是越高越好，本益比則是越低越好。

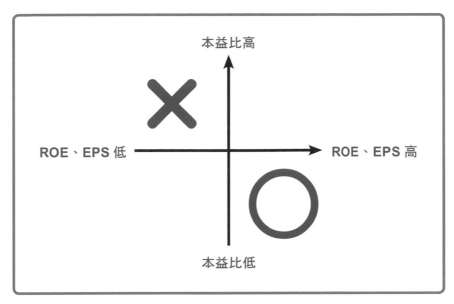

圖 3-2　EPS 跟 ROE 都是越高越好，本益比則是越低越好。

看財報挑股票，能有效避開爛公司

　　從基本面來看，一間公司最重要的事就是必須賺錢，當公司連成立的目的都達不到時，自然也很難有太高的投資價值。

　　有些投資人會尋找目前可能還沒獲利，但是產業未來具發展性，或者具備先進技術專利的企業，這樣的公司也許是明日之星、下一個台積電（2330），但這樣的分析方法偏向針對產業，而非基本面的財報分析，因此不在這裡的討論範圍內。

　　公司的營運包含了主要事業以及額外投資，主要事業稱為

「本業」，在本業之外的投資與生意往來稱為「業外」。本業和業外的結餘相加是正的，才代表公司真的有賺錢，否則本業賺 10 元、業外賠 20 元，加起來也還是虧損。

而 EPS 是公司一整年本業和業外的成果相加所得到的最終結果，EPS ＞ 0 是最基本的條件。公司有獲利是必須的，賺 1 元也是賺、賺 100 元也是賺，接下來要看的就是賺多還是賺少，以及賺錢的效率。

EPS 究竟要多少才算賺得多？如果我們拿一間鹹酥雞店跟一間修車行來比較，看誰賺得多，絕對是一件非常奇怪的事。兩間店在行業屬性、營運模式和規模上有著天壤之別，這樣比較又怎麼會有意義？

基本面的要點在於依產業類別分析，透過比較同產業、不同公司的財務報表，我們可以看出在同一個領域裡到底誰比較厲害，誰可以更有效率的使用資源，以達到企業的獲利目標。

回到前面的問題，EPS 究竟要多少才是賺得多？這個問題沒有答案，EPS 的比較意義在於從同產業中找到誰最高，而非在茫茫股海中找到一個絕對值。

除了觀察 EPS 外，我們還必須拆解 EPS 的細項來看，也就是本業跟業外的分析。倘若有間公司本業不怎麼賺錢，EPS 的獲利都是靠業外賺來的，那這間公司就是不務正業。雖然 EPS 仍是正的，但倘若哪天投資市場不佳，或是面臨景氣衰退時，身為獲利支柱的業外收入就岌岌可危。

　　本業沒怎麼賺，業外也賠錢的公司那就更不用看了，很可能連 EPS 都是負的。有些公司本業很賺錢且業外的賺賠金額很低（見表 3-1），這樣的企業就是安分守己專注本業的好公司，也就是透過財務報表選股的終極目標。

表 3-1　統一超（2912）2022 年上半年合併綜合損益表。

本業獲利	2022 年上半年
	金額（單位：億元）
營業收入	1,388
營業成本	923.4
營業毛利	464.6
營業毛利淨額	464.6
推銷費用	353.7
管理費用	49.89
預期信用減損損失（利益）	0.025
營業費用	403.6
營業利益	60.97

（接下頁）

業外損益	2022 年上半年
	金額（單位：億元）
利息收入	0.97
其他收入	11.18
其他利益及損失	-0.74
財務成本	5.69
關聯企業及合資損益	2.04
業外損益合計	7.76

淨損益	2022 年上半年
	金額（單位：億元）
稅前淨利	68.73
所得稅費用	14.08
繼續營業單位稅後損益	54.65
合併稅後淨利	54.65
歸屬於非控制權益之淨利	8.43
稅後淨利	46.22
其他綜合損益合計	11.96
綜合損益	66.61
綜合損益 – 歸屬於母公司	58.26
綜合損益 – 歸屬於非控制權益	8.35
每股稅後盈餘（元）	4.45

資料來源：Goodinfo! 台灣股市資訊網，2022 年 10 月。

如何找到基本面分析的資料？

基本面分析所需要看的財務報表，以及各種財務數值要去哪裡找呢？其實證券商的看盤系統，或是 Google 都可以找到這些資料，但若要找最準確的資訊，可以參見「公開資訊觀測站」。

公開資訊觀測站（請掃描 QR Code）

可在這輸入要
搜尋的公司

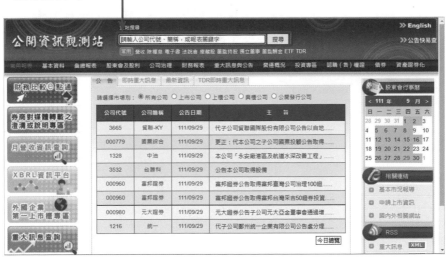

圖 3-3　在公開資訊觀測站可查到各股最準確的資訊。
資料來源：公開資訊觀測站。

　　「公開資訊觀測站」是政府委託財團法人中華民國證券暨期貨市場發展基金會（簡稱證基會）所建立的網站，因為身為規定企業提交財務報表的對象，它所提供的數據最正確且完善。

　　雖然在各公司官網上也可以找到財報資料，但是每間公司網頁介面與格式不盡相同；想比較同產業財報實在不方便觀看。基於資料的正確性以及資料顯示的判讀方便程度，公開資訊觀測站就變得非常方便。

　　這個網站提供一個平臺讓上市（櫃）公司將即時的財務報表、除權息資訊、重大訊息公告、各式需申報事件等資料以統一的格式上傳並公開。

　　雖然公開資訊觀測站是政府設立的網頁，沒有酷炫的首頁跟華麗的轉場動畫，但是對於需要取得公司資料的投資人來說，只要有即時、正確、相同格式三個要件就已經足夠了。

2
技術分析，知道何時進攻與防守

　　技術分析的重點在於數值的統計和分析，例如某檔股票的股價多少、成交量多少、這 10 天表現得怎麼樣、走勢往上還是往下等，判讀由精確的數字所組成的圖表或統計資料。

　　技術面分析包含了「圖形」與「數值」兩大類：

- 圖形類技術分析

　　圖形類技術分析，是根據連續 K 線所排列形成的不同樣貌，做出分析與預測，通常除了 K 線高低排列外，還會一併搭配成交量作為參考。

　　例如我們常聽到的 M 頭、W 底或是頭肩頂等名詞，都屬於圖形的技術分析，就像 K 線的象形文字，K 線排列像什麼就以此為名。

- 數值類技術分析

　　數值類技術分析，則是透過不同時間的價格與成交量，做出各式各樣的統計數值，利用統計的邏輯找到股價波動的慣性，並試圖定義當下股價的狀態，進而預測未來的走勢，協助交易判斷。

我們最常看到的移動平均線（Moving Average，簡稱 MA，中文又稱均線，後面以均線簡稱）和成交量（VOL）都是數值類的指標，另外還包含隨機指標（KD）、平滑異同移動平均線（MACD）等（見第 168 頁）都是數值類指標的範疇。

怎麼判讀 K 線？

前面提到技術分析包含圖形和數值兩大類，接下來我們先談談圖形類中的 K 線（見下圖）。

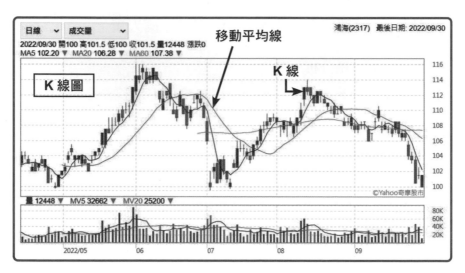

圖 3-4　K 線圖就是長這樣。

資料來源：Yahoo! 股市。

K 線是用色塊與線條表示股價走勢的一種方法，簡單來說，

就是一條線和一個方塊。直線的最頂端是最高價，最底端是最低價。

　　方塊的頂端和底端則代表開收盤價。方塊通常會將直線分成兩個線段，在方塊上方的線段叫做上影線，在方塊下方的線段叫做下影線（見圖 3-5）。

　　K 線又分為紅色、綠色兩種，區分方式在於開盤價跟收盤價的關係。開盤價＜收盤價時為紅色 K 線，開盤價＞收盤價時為綠色 K 線。

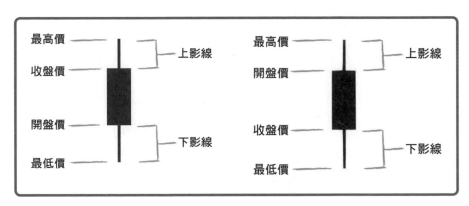

圖 3-5　1 根 K 線，由 4 個價位組成。

　　關於 K 線的顏色，「紅色代表漲、綠色代表跌」是臺灣的用法。在歐美西方國家則是相反，綠色代表漲、紅色代表跌。為了避免搞混，在我們整個課程中都是以臺灣的用法為準。

　　雖然通常是紅綠搭配，但是有的人會把綠色換成黑色，你一定會想問為什麼不是綠色？而是黑色？關於 K 線的顏色，其實很

容易被誤會，上漲通常以紅色顯示較沒疑問；然而下跌的表達方式卻有黑色、綠色與白色三種顯示方法。

之所以如此，是因為券商的系統有時為了凸顯 K 線與技術分析等資訊，會將顯示畫面的底色設定為黑色，如此一來黑色的 K 線根本看不到在哪裡，所以用綠色、白色作為下跌的 K 線顏色。

不過無論黑色或是綠色，代表的都是下跌的意思，只是口語上，投資老鳥或是業內人士會以「黑」來形容下跌。

👀 藍白拖主力投資筆記

看懂 K 線的意義

判斷 K 線請記住一個口訣：顏色辨漲跌、柱體看開收、線段看高低（K 線紅綠看漲跌、實體範圍看開收盤價、線段頭尾看最高和最低價，見圖 3-6）。

圖 3-6　K 線怎麼看？可掃描右邊的 QR Code 了解。

　　上影線越長，代表當日的賣盤越強（見左下圖）。通常表示股價來到一個大家都覺得滿足了可以賣出的價位，這很有可能是股價後續不容易上漲的徵兆。

　　下影線越長，代表當日的逢低買進的投資人越多（見右下圖）。出現這種情形表示投資人願意在這樣的股價撿便宜，對於後續的股價可能形成保護，只要跌到某個價位就會有人進場買進，撐住價格不繼續下跌。

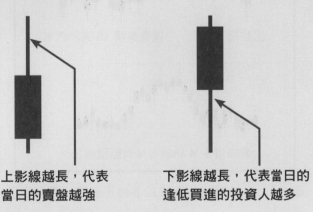

上影線越長，代表
當日的賣盤越強

下影線越長，代表當日的
逢低買進的投資人越多

圖 3-7　影線長短各有不同的意思。

　　看 K 線能夠很直覺的獲取股價高低漲跌的資訊，也可以找到人們想賣和想買的價位，但光靠 K 線不代表能夠完全理解股價的所有資訊。雖然單看 K 線高低或形態做投資的大有人在，但我的偏好是多看各種資訊，提高自己的勝率，避免過多嘗試最後做白工。

什麼是形態學？

　　形態學指的是利用股價過去的走勢，尋找某些固定的模式，並將這些模式套用在當下的股價，作為判斷依據。所謂的股價走勢包含很多種層面，例如以當日走勢形成的日 K、以整週走勢畫出來的週 K、甚至整個月的股價變化形成的月 K。

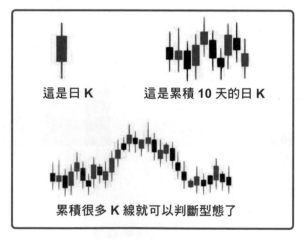

圖 3-8　由 K 線組合而成的各種形態可用來判斷股價走勢。

　　通常以日 K 作為判斷依據，除非交易週期長達數十年才會用到月 K 分析。常見的形態學包含 M 頭、W 底、A 轉、V 轉、頭肩頂、旗形、三角等。依照 K 線排列起來像什麼，來為不同的形態命名。

　　很多短線投資人，甚至是當沖客，也會用形態學做股價短期

走勢的判斷，形態學的用途除了短線之外，波段操作的投資人也會利用形態學判斷股價的長期趨勢。

W底

W 底的形態，顧名思義就是，它的外形看起來像是 W。股價由高檔下跌，觸底反彈後，再度下跌至靠近前一次低點，並再次上漲突破前次高點，寫出一個完美的 W 線條，我們稱之為「W 底」。

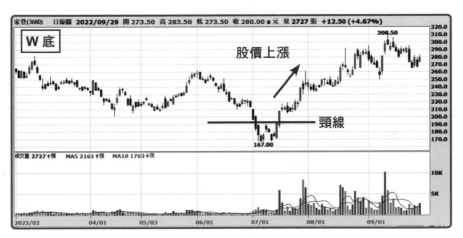

圖 3-9　外形看起來像 W，我們稱為 W 底。
資料來源：富邦證券。

通常會將「W 底」加上成交量一起分析，觀察兩個低點與夾在中間的高點，看看三者之間成交量如何變化。關於成交量後續會有詳細的說明。

若要細分 W 的形態，又分為「斜上」與「斜下」兩大類，取決於兩次低點連線的方向（見圖 3-10）。若第二次低點較第一次還高，則稱之為「斜上 W 底形態」；若第二次低點較第一次還低則稱之為「斜下 W 底形態」。

W 底形態是一種股價落底、準備反彈上漲的趨勢，而斜上 W 底又比斜下 W 底更加強勢。

所以當股價走勢出現斜上 W 底後，通常是預期它會上漲，因此可以作為多方的進場依據，然而若 W 底是斜下形，可能就得再觀察一段時間了。

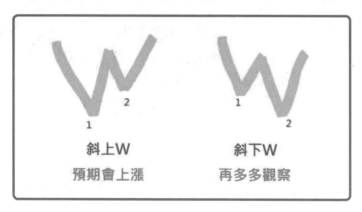

圖 3-10　W 底的形態可分為斜上與斜下兩大類。

M頭

M 頭的技術形態與 W 底非常相似，幾乎可以說是它的相反模式。股價由底部上漲，並向下修正，第二次向上攀升但是又反

轉向下，當股價跌破前一次的低點時，所謂的 M 頭就形成了（見下圖 3-11）。

中間的低點位階稱為頸線，簡單來說，股價跌破頸線是 M 頭形成的要件。M 頭的形成又稱為「做頭」。

當股價呈現 M 頭形態時，通常是空方的進場點，股價被認為無法突破前高且跌破前低，是弱勢的跡象。

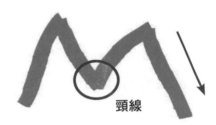

圖 3-11　股價跌破頸線是 M 頭形成的要件。

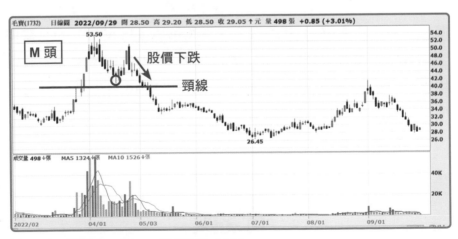

圖 3-12　外形像一個 M，我們稱為 M 頭。
資料來源：富邦證券。

何謂「空方」？
空方指的是希望股價下跌的人，這些人透過融券與其他衍生性金融商品在股價下跌時獲利。

怎麼判讀數值類指標？

均線（MA）、成交量（VOL）、隨機指標（KD）、平滑異同移動平均線（MACD）是由不同時間的價格與成交量，做出各式各樣的統計數值，屬於數值類指標的範疇，下面依序說明。

均線（MA）

在講「均線」之前，得先講解「均價」的概念。每天都有個價位叫做「收盤價」，若將過去 5 天（包括今日在內）的收盤價平均起來，就會得到當天的「5 日均價」，也就是所謂的「收盤均價」（見右頁圖 3-13）。當然，它也可以是 10 日均價、20 日均價，就看你想要什麼樣的數據。

均線是什麼？（請掃描 QR Code）

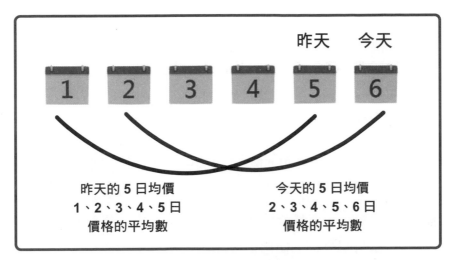

圖 3-13　將前 5 天（含今日在內）的收盤價做平均，就會得到當天的「5日均價」，也就是所謂的「收盤均價」。

　　舉例來說，表 3-2 是鴻海（2317）2022 年 9 月 26 日至 2022年 9 月 30 日的收盤價，那麼它 9 月 30 日當天的 5 日均價即為 5日的收盤價加總起來，再除以 5，即 102.3 元。

$$\frac{(104+103.5+100.5+101.5+102)}{5} = 102.3（元）$$

表 3-2　鴻海 2022 年 9 月 26 日至 2022 年 9 月 30 日收盤價。

9/26	9/27	9/28	9/29	9/30
104	103.5	100.5	101.5	102

資料來源：Yahoo! 股市。

每天都會有新的收盤價出現，而且每天的收盤價都會取代平均值當中時間最早的收盤價，所以若把每天都在改變的均價描成一條線，就會變成所謂的「收盤均價線」，也就是「均線」。

成交量（VOL）

成交量是指在某一時間內具體的成交張數，通常是以長條圖表示。

一般來說，成交量會放在 K 線底下一起看，搭配漲跌觀察，我們稱之為量價分析。使用形態學時也可以參考成交量，功能在於輔助判斷形態學的準確度。

成交量分析的重點在於揣測投資人的心態與想法，很多時候股票長時間下跌，但突然某天出現巨大的成交量，這時投資人普遍會認為，股價跌到一個很多人願意進場撿便宜的價格了，也就是俗稱的「下跌爆量」（見右頁圖 3-14）。

同樣道理，一檔股票長時間上漲後，但某天成交量突然增加，會被認為是股價來到許多人滿足點，因此引發獲利了結的賣壓，俗稱「高檔爆量」。

利用各種 K 線形態，加上當下的成交量，投資人可以判讀市場為何在這時突然熱絡起來，進而對股價的未來走勢做出預期。

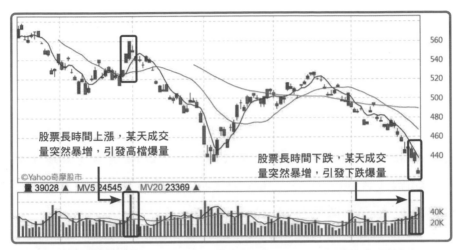

圖 3-14　K 線形態搭配成交量看，可幫助投資人對未來股價做出預期。
資料來源：Yahoo! 股市。

隨機指標（KD）

隨機指標是快速平均值（K）、慢速平均值（D）兩個值所構成的線條排列而成。

K 值的計算包含前一天的 K 值、當下股價和近期高低點的距離兩個要素，當股價離近期高點越近時，K 值就會越大。D 值則是由前一天的 D 值與當天的 K 值計算出來的。在這樣的計算方式下，K 值對於今天的股價會有較快的反應，D 值的反應則較緩慢。因此 K 為領先指標，D 為落後指標。

當領先指標 K 由下往上穿越落後指標 D 時（黃金交叉，Golden Cross），為買進訊號；當領先指標 K 由上往下貫破落

後指標 D 時（死亡交叉，Death Cross），為賣出訊號（見下圖 3-15）。

由於 KD 值的計算公式特性，K 值和 D 值都會介於 0 到 100 之間。

一般認為 KD 值兩者在高檔（＞80）時，股價容易向下回跌；低檔（＜20）時，則容易反彈。當 KD 值連續 3 天以上維持在高檔（＞80）稱為「高檔鈍化」；連續 3 天以上維持在低檔（＜20）稱為「低檔鈍化」。

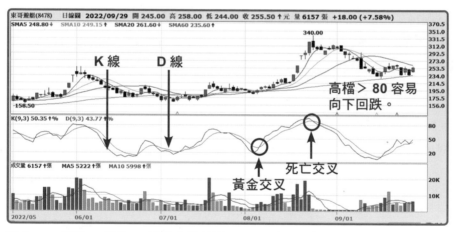

圖 3-15　觀察 K 線和 D 線的交叉位置，可判斷是買進還是賣出訊號。
資料來源：富邦證券。

所以 K 值、D 值是怎麼算的？這根本不重要，如果計算均線是小學數學，那 KD 值就相當於微積分，會崩潰的！那麼哪裡可以找到 KD 值的數據呢？其實只要打開證券商的下單系統，或是

在網路上都可以找得到，圖 3-16 為 Yahoo! 股市中鴻海（2317）
的 KD 值查詢。

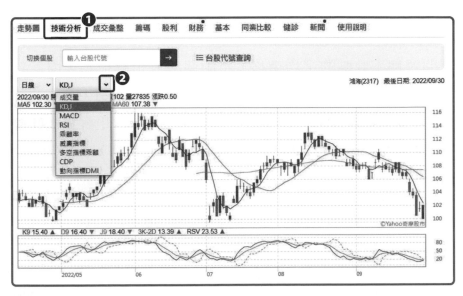

圖 3-16　KD 值的查詢方式。
資料來源：Yahoo! 股市。

平滑異同移動平均線（MACD）

前面我們介紹過，均線指的是將一定期間內的股票收盤價加
起來平均。然而當我們把時間的重要性考慮進來時，均線似乎不
完全能表達每天的股價關係。

舉例來說，100 日的股票均線算法，是將 100 天前至今每天
的收盤價全部加起來除以 100，但是 100 天前的收盤價跟今天的
收盤價，對明天股價的影響力應該天差地遠才對。為了解決時間

遠近造成的差異性，我們將一般均線的算法加入權重；越靠近現在的權重越重，進而得到指數移動平均線（Exponential Moving Average，簡稱 EMA）。

　　當我們計算兩個不同時間週期的 EMA 後，就能得到不同時間週期下股票的平均價格，將兩個均價相減稱為差離狀態（DIF，可以用於表示股價在兩個時點之間的趨勢，一般會將 DIF 短期天數設為 12 日，DIF 長期天數設為 26 日。）若對差離狀態再進行一次指數移動平均線的計算，就能得到 MACD，一般用 DIF 的 9 日移動平均（如下頁公式）。

DIF 跌破 MACD →賣出訊號　　**DIF 向上突破 MACD →買進訊號**

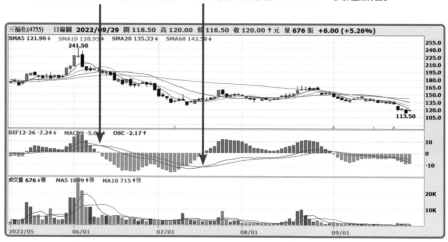

圖 3-17　透過觀察 MACD 可以知道股價變動趨勢。
資料來源：富邦證券。

$$DIF＝EMA（12）－EMA（26）$$

12 日指數移動平均線　　26 日指數移動平均線

$$MACD＝EMA（DIF,9）$$

DIF 的 9 日指數移動平均線

　　透過 MACD 可以知道股價變動趨勢是否出現強弱，或是反轉的趨勢（見左頁圖 3-17）。我們可以把 EMA 想像成車速，DIF 是不同時間車速相減，表示速度是否變快或變慢，MACD 則是看駕駛踩油門是否越踩越急。

　　當駕駛深踩油門，車速會加快，輕踩車速會慢慢上升，急踩車子會突然爆衝；同樣都是加速，MACD 能夠表現的就是這個加速過程是快還是慢。

藍白拖主力投資筆記

如何找到技術面分析的資料？

　　技術面的資料其實非常容易取得，只要打開證券商的下單軟體，就可以看到 K 線和均線與成交量。數值類的技術指標如 KD、MACD 等資料，也一樣可以在下單系統中

找到，只需要打開 K 線的頁面，就可以選擇要跟什麼技術指標一起搭配觀察。

　　除了透過證券商提供之外，網路上也能夠找到同樣的資料。理財寶（CMoney）、鉅亨網和 MoneyDJ 等網站，都有非常完整的技術指標資料可以免費使用，對於懶得登入證券商帳號又想快速觀察各股的投資人來說非常方便。

圖 3-18　由左至右分別為 CMoney 網站、鉅亨網網站、MoneyDJ 網站。

3
看懂籌碼面，搭上主力順風車

　　籌碼面分析又分成「分點籌碼」與「法人籌碼」。這裡說的籌碼，指的是市場中被交易買賣的股票，分點就是證券商的某個分公司，例如：富邦證券內湖分公司、元大證券西門分公司。而法人指的是企業與團體，在投資市場裡一般指的是三大法人：外資、投信、自營商。

　　籌碼分析強調的是股票交易者背後的身分，觀察是否有法人或是某些分點大量的買進股票。而與籌碼分析相對應的是技術分析，技術分析的問題在於，是基於統計與計算，存在機率問題；籌碼分析著重於真正拿現金去市場買股票的交易者，因此在分析上有能預測股價未來走勢的強大效用。

　　或許你會想問：「那籌碼分析與技術分析哪個厲害？」

　　其實在短期的波段操作當中，籌碼分析比技術分析強很多，原因在於，短期的股價波動幾乎完全受到主力的買賣影響，技術分析時常出現失準，或是慢半拍反映的狀況。然而當你做的是當沖（今天買進今天就要賣出，或是今天賣出今天就要買回）時，

177

盤中就沒有所謂的籌碼可以觀察,這個時候技術分析就是唯一的選擇了。

若要論中長期投資,技術分析或是籌碼分析這兩項數據都會失效,最能表現公司未來是否順利發展或漸露頹勢的,就是內部人的進出狀況,但內部人的進出卻是一個無法用任何投資分析做到的資訊,只能透過內線交易了。

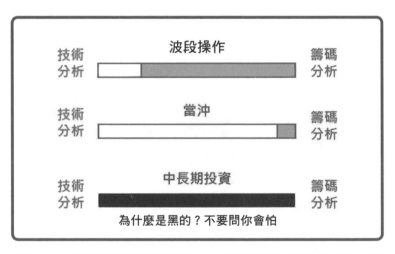

圖 3-19　在短期的波段操作當中,籌碼分析比技術分析強,若是玩當沖,那技術分析就是唯一選擇。

依證券交易法規定,內部人包括發行公司之董事、監察人、經理人及持股超過股份總額 10% 的股東。

誰是散戶？誰是主力？

我們常聽到股市分析中的許多名詞，如外資、投信、三大法人、大戶、主力、中實戶、散戶、分點，這些人到底是誰？他們又如何影響股市的運作？先讓我們搞清楚大戶、主力、中實戶和散戶到底指的是哪些人。

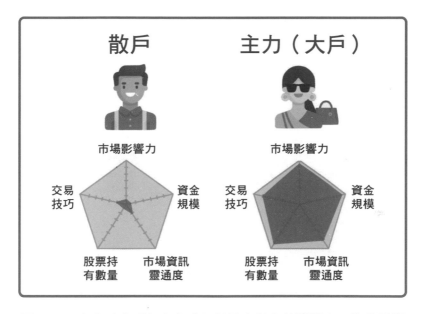

圖 3-20　主力（大戶）在各方面都具有很大的影響力，能夠影響股市的運作。

若以「市場影響力」為分類依據：

● 主力（大戶）：對股價具有強大影響力的人。

- 散戶：對股價毫無影響力的人。

若以「持有股票數量」為分類依據：

- 主力（大戶）：市場上股票持有量大，當他增減持股時，足以立即影響股價（見圖 3-21）。
- 中實戶：增減持股不見得能夠瞬間影響股價，但連續的買進或賣出卻能帶領股價方向。
- 散戶：股票持有量毫無重要性的人。

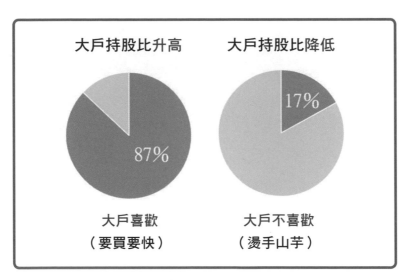

圖 3-21　主力（大戶）增減持股時，將會立即影響股價的漲跌。

　　一般對散戶的解釋為市場資訊（正確的資訊）不靈通、資金規模小、交易技巧與觀念不足、市場上的跟隨者等。最大的特色

就是不停損、聽信明牌、不按照策略交易。

簡言之，散戶在市場上的角色定位即是對市場波動無能為力、任人宰割者，也就是俗稱的「韭菜」。

主力（大戶）就是手中持有很多股票的人，他的股票量大到做一次買賣就能影響該檔股票的價格。其實主力與大戶的概念極為類似，差別在於是否做出買賣行為，在不同的狀況下，會有不同的稱呼。

例如當大戶買賣股票時他就是主力；當主力不進行買賣，反而是靜靜的看你「假會」時就是大戶。

或許你心裡會覺得有點不平衡，主力與散戶之間很明顯是強弱的反差。沒錯，主力與散戶就是高下立判，但如何運用這種強弱相對關係又是另一回事。**我在這種關係中便看到機會。**若沒有這種強弱相對關係作為一種指標，很多時候在市場中投資就只是投機。

散戶看價，主力看局。散戶的思維停留在價格的波動上，情緒被自己的損益牽著跑。主力面對價格與損益心如止水，眼觀四面、耳聽八方，試圖推斷市場上各方人馬的下一步。主力與散戶的差異，除了表現在資金與交易技巧上，最重要的區別在於心理素質的高低。

主力檢討自己求進步，散戶檢討市場求好運。每個人都覺得自己不是愚蠢的散戶，所以趨之若鶩、爭先恐後的進入市場，但最後常常變成飛蛾撲火、自掘墳墓。正因為人們都相信自己不是

最笨的，市場才會不斷的吸引投資人進場，主力也才有永遠賺不完的錢。重點是自己要努力研究、認真觀察。提醒自己要努力，不要變成墊底。

我可以很直白的說，其實大部分的人都是散戶，在股市當中幾乎處於相對的弱勢，但這沒有關係，我們可以努力研究、認真觀察，找出對自己最有利的投資方法。主力有主力的戰場，散戶也有散戶的小天地。

主力與散戶的關係是市場中極為重要的概念，我個人對於主力與散戶的微妙關係其實頗有心得，生活中也處處是例子。

舉例來說，散戶就像丟沙子到水裡，不會掀起太大漣漪；中實戶就像是丟小石子到水裡，雖然會引起波瀾，但不至於水花四濺；大戶則像搬大石頭丟進水裡，不但會水花四濺，還會揚起池底的汙泥。

默默操控台股的三大勢力

前面提過投信、外資、自營商三者合稱三大法人，他們都是市場上專職進行金融業務的機構。

外資是國外的投信或證券商；投信就是基金公司，向大眾收取資金，並且代為投資操作；自營商則是證券商以自己的身分投資（見右頁圖 3-22）。

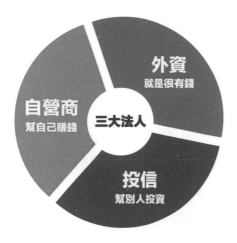

圖 3-22　三大法人包含了投信、外資、自營商，他
們都是市場上專職進行金融業務的機構。

　　這些金融機構都有專門的研究與分析部門，甚至有專業研究
人員會前往上市（櫃）公司了解營運狀況。在強大的資源挹注
下，他們時常能夠掌握比散戶更多的資訊，所以投資人對他們在
股票上的進出都會特別留意。

外資

　　外資就是國外的投信或是證券商來到臺灣投資台股，像是高
盛、美林、摩根大通，這些都是外資。

　　外資的厲害之處就是有錢，在操作上卻不如投信靈活（資金
部位龐大），在資訊取得上不如本土分點，但他就是有錢，所以
再差的股票都可以被他用錢把股價堆上去。

外資的消息不如本土分點快，有時當外資發現狀況不對時，往往本土分點已經把股票倒光光（就是把股票全部賣掉）了，此時外資才會開始賣出持股，形成交易上追高殺低的形態。

投信

「投資一定有風險，基金投資有賺有賠，申購前應詳閱公開說明書。」這就是投信會講的話，投信就是基金公司，向大眾收取資金，並代為投資操作。

基金的好處是不用自己花時間管理，且有「定期定額」與「單筆買進」兩種方式，能夠協助投資人逢低布局，或是平均成本分散風險。適合對金融市場不熟悉，或是沒有空餘時間自己進行投資的人。

然而投資市場沒有完全美好的事，投資基金也存在一些風險。投信集合大眾的資金，交由基金經理人代為操作，但是基金經理人的投資績效卻不見得優於大盤（市場平均報酬率），有時甚至會發生人謀不臧的惡劣之事，惡意導致投資人虧損。

自營商

自營商的角色有兩種，一種是以證券商自有的資金進行交易，並賺取獲利的自營部門；另一種是為證券商發行衍生性金融商品，進行避險的避險部門。

自營部門往往有自己的一套獲利方式，有時對於局勢的判斷異常準確，或者是對於個股的消息非常靈通，然而自營部門的交易週期偏短，因此不易追蹤跟隨。

避險部門的進出是基於客戶交易而形成的避險部位，因此可以反映大部分衍生性金融商品投資人對盤勢多空的想法，可以藉由單量大小判斷大戶與散戶方向，進而做出盤勢預測（看不懂這句其實一點也沒關係，知道自營商有兩種就好）。

由於上述三類的法人總計可能有數百家公司，它們各自有不同的投資策略與想法，對於某一檔股票，同一天可能有的法人買進，也有的法人賣出，當買進張數或金額大於賣出的，就是買超。反之，賣出大於買進的就是賣超。

財經新聞上，常聽到「外資今日買超台股 120 億元」、「三大法人合計買超 75 億元」等標題，講的就是法人在交易上的籌碼狀況。

個股分析也常有「投信單月大買鴻海（2317）2 萬張」之類的用語，不論在個股上或是大盤的分析，法人籌碼時常都是投資人關注的重點。

通常投資人會跟隨法人的腳步，像是站在巨人的肩膀上一樣，看到法人買進就跟著買進，法人賣出時也跟著賣出持股。然而追隨法人籌碼卻是有許多細節必須注意，否則巨人的肩膀上一站不穩，可是會摔個血肉模糊。

圖 3-23　跟隨法人投資並非穩賺不賠，投資人仍要自行做好
風險管理及資金規畫。

分點籌碼透露主力行蹤

在前面我們提過證券商為了方便服務客戶，會在各處設立分
公司作為營業據點，稱為分點。由於不同的分點所在的位置不
同，所服務的投資人也會不太一樣。

以 7-ELEVEN 為比喻，開在國高中附近，容易吸引學生去
買飲料或零食類的商品；開在大學校區附近，可能就會有一堆網
購商品等著領取，且酒精類飲料的銷售量可能也會比較高；開在
幽靜住宅區，則可能常會有老人家去買杯咖啡跟報紙。同樣是

7-ELEVEN，但是因為開在不同地方，所以會呈現不同形態的消費模式，分點也是如此。

　　分點是證券商在各處所設立的分公司，證交所和櫃買中心每天會公告每檔股票在各個分點的進出價位與張數，而探究這些分點以及交易模式的分析稱為「分點籌碼分析」。

　　分點籌碼分析與法人籌碼分析的差異在於，分點籌碼分析研究的對象大都不是法人，而是本土分點的交易與進出。透過分點過去的交易勝敗，判斷它是否為市場上的贏家，進而在當下依照它的進出做最合適的交易。

　　分點籌碼相較於法人籌碼的分析並不遜色，時常能將自己的進出場做得比法人更漂亮。原因在於，分點上的大戶與主力往往具有特殊身分，例如大股東、公司經理人、高階主管，或者有些外圍集團，如董監經理人的親戚摯友、公司派作手、市場派操盤手等。

　　以上這些人對於公司股價的敏感度往往比法人高得多，通常他們會是第一手進場布局，之後才輪到法人來抬轎，形成股價漲幅最主要的推手。

　　同樣的，他們也是腳底抹油跑最快的一群，總在行情最熱的時候開始倒貨給法人和散戶，往往事後發現那就是高點了。正因為這種精準掌握公司股價高低的操作，**我非常喜歡研究分點籌碼**，雖然比起法人籌碼更難、更複雜，但想到能將自己的交易做到更精確，就覺得一切都是值得的。

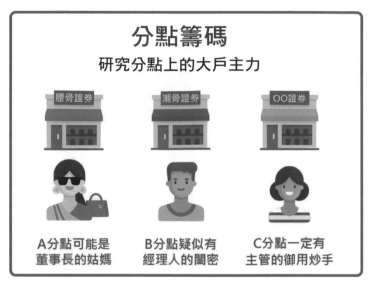

圖 3-24　分點籌碼分析研究的對象大都不是法人,而是可能
具有某些特殊身分的大戶與主力。

👀 **藍白拖主力投資筆記**

如何找到籌碼面分析的資料?

　　我們都知道籌碼面分析是追蹤在市場上交易的各方人
馬,並依照交易者的不同屬性來協助自己判斷買賣方向。
最土法煉鋼的方法是到證交所買賣日報表查詢系統,將每
個證券分點的每筆買賣紀錄帶回並分析。

不過這樣的做法曠日費時，等你分析完一天的買賣可能都已經過一週了，我們當然不會介紹這麼沒效率的方法。

以下提供兩個資料來源，都已經幫大家整理好證交所買賣日報表查詢系統的所有資料，並製作成圖像，不但有當天的買賣超，還能把同一檔股票、同一個證券分公司過去的買賣超整理在 K 線底下對照。

● CMoney 理財寶

理財寶所提供的眾多程式中，最熱門的就是籌碼 K 線，當中除了分點買賣的圖像與張數紀錄外，甚至包含各筆交易的不同買賣價格，一般的外資投信買賣與證券資料也都包含在其中。

許多投資人願意下載電腦版軟體使用，除了分點資料外，更因為它包含強大且客製化的選股功能。理財寶的軟體有提供免費試用，但有限制每日使用的次數。當你需要查閱大量資料或個股時，還是建議購買軟體比較方便。

● HiStock 嗨投資

嗨投資的網頁除了籌碼資訊外，許多技術面分析、基本面資料也都包含在其中。對於不想安裝程式的投資

人來說，透過嗨投資觀察分點進出資訊是最方便的方法，資料包含分點過去的買賣進出紀錄與 K 線，可做詳細對照，非常清楚實用。

嗨投資和籌碼 K 線一樣，當你觀看分點買賣超次數過多時，網頁會出現請你註冊或登入後才能繼續使用功能，若操作股票的檔數較多時建議註冊帳號。

圖 3-25　左為 CMoney 網站，右為 HiStock
嗨投資網站。

第**4**章

選股，
是一種生活態度

常有人問我，新手適合什麼樣的投資或選擇哪種投資方案？其實這個問題並沒有標準答案，因為它是極度個人化的申論題。回想在剛進入投資領域時，在學完股價的三種分析法後，我就迫不及待的想進入市場，把所學到的三種分析法全套用上去，然後大賺一筆。就這樣，我做了一筆自己也搞不清楚在幹嘛的交易。

　　後來才知道，原來這些方法不是這樣用的，還必須配上投資策略。所以我就又在網路上到處學習別人的投資策略。當時滿腦子只想賺錢，從沒好好思考過，不同投資策略在目的上就存在很大的差異，所以結果當然也不會太好看。

　　經過一段很長的時間跟瞎子摸象一樣，到處找別人的策略後，我才發現，原來這世上沒有所謂最強或最賺錢的操作方法，只有最符合自己風險承受度與時間安排的交易操作方法。

　　我在這能給的建議是，如果你是完全沒有時間關心投資的人，適合你的投資方式包含長期存股、定期定額買進 ETF 等方法；有一點時間進行投資的人（如上班族），則適合做股票的波段交易，透過建立選股方式與進出場策略，就能夠進行一些個股的多空操作；如果是有非常寬裕的時間研究投資的人（如學生、退休人士），我認為除了基本的股票波段交易外，還可以嘗試接觸高槓桿的商品，與更短線的交易，用花費較多的時間換取較高的報酬，並多元化自己的投資配置，但切記要設下停損點。

　　如果你對於要選擇哪一個交易種類還是有所猶豫的話，別擔心，這個章節將會幫你解決疑惑。

1

選股六字訣：你有、你能、你要

　　了解了股市中的基本知識以及三種分析方法，你是不是急著想進場？

　　先別急，你還有很重要的事情還沒做！投資股票不是逛大街，看到什麼買什麼，而是應該像大廚去買菜，事先計畫好自己需要哪些食材，毫不浪費時間的精準出手。

　　交易方法百百種，都還沒規畫好自己要做哪一種類型的交易就衝進場下單，無異於飛蛾撲火。

　　我們可以透過持有股票的時間長短，簡單把交易策略分為四大類型，交易策略的類型後面會連同操作的細節一起介紹。決定菜單之前，得先決定要煮中式、西餐還是日本料理。讓我們先來看看如何審視自己，並找到合適的交易策略。

新手適合哪種投資方法？

　　審視自己投資條件最重要的三個因素：時間、風險、報酬。

圖 4-1　決定投資方式前，請先評估自己的時間、風險、報酬三個因素。

時間：可用於投資的時間長短

投資是一分耕耘一分收穫的事，當你研究投資的時間越多，就越有機會得到較高的獲利。時間自由的人可以花很多時間在研究股市的各種資訊，並隨時觀察市場的各種變化，如此一來，可以做的交易方式會更多元，且操作手法也更為靈活細膩，所以能夠賺到的報酬自然比較高。

而對於工作繁忙、片刻不得閒的人來說，不需要隨時盯著螢幕的投資方式是比較可行的，但同時你也得接受，因為沒有投入大量時間去研究細節，所以得到的報酬不會很高。

還有你的職業是什麼？有多少時間可以研究投資？退休的人可以整天盯盤，上班族只能利用中午休息時間，超級忙的人也許一週能抽出時間來關注走勢就很不錯了。

風險：可承擔的風險高低

在這筆交易中，你願意承擔多少風險？換句話說，這筆交易你最多願意虧損多少？大家都期待賺錢，但鮮少去思考賠錢的風險。舉例來說：有一位準備退休的大叔，將自己的退休金投入股市做投資，他所能夠接受的虧損金額想必不會太大。對這位大叔來說，往後的日子是吃飯還是喝西北風，就看退休金的投資是否順利，倘若賠個一、兩成，可能就會嚴重影響生活。

但是對於一位還在就學的大學生來說，將自己從小到大過年領的壓歲錢拿來投資，就算全部賠光光也頂多是心痛，而不至於有任何重大後果。大叔和大學生兩個人在投資時的態度與決策，一定有著天壤之別。

大學生大可以將資金投入在投機的電子或生技類股上，反觀大叔可能只願意買進金融與傳統產業類股，這類獲利比較穩健且股價波動低的股票。

從大叔和大學生的例子來看，我們可以知道，每個人所能承擔的風險不同，自然會反映在投資的方式與策略上。

你的心臟夠大顆嗎？你的財務狀況允許你冒多少風險？低風險投資的好處是穩定，高風險投資的好處是報酬比較高，沒有對錯，端看你怎麼抉擇。

報酬：預期賺取報酬率的高低

延續剛剛那位準備退休大叔的故事，各位有沒有想過他都已經存到退休金了，為什麼還要投資？答案不外乎是對抗通貨膨脹，或應付未來的物價上漲。換言之，大叔所要求的投資報酬率每年約 2%[1] 左右就行了。

若將時間回推到 20 年前，大叔的小孩才剛上小學，為了準備小孩的大學教育基金，大叔必須將手上的 10 萬元在小孩上大學前變成 30 萬元，此時平均下來，大叔一年必須有 9.59％ 的報酬率才足夠。

$$100,000 \times (1+9.59\%)^{12} \cong 300,000（元）$$

---

1 2%是以2021年的通膨率1.98%所推算。唯中華經濟研究院2022年7月時估測，2022年通膨率預估值已來到3.11%。

　　「一年能夠獲利 9.59％的投資方式」和「一年獲利 2％的投資方式」想必不會一樣，每個人的投資方式會因為目標的不同，而出現不同的做法。

　　想要賺進大把鈔票的投資人，通常會去操作價格波動劇烈的股票；反觀只想對抗物價上漲的人，獲利目標只需要選擇營運良好的公司做配置，賺取股利就行了。

　　你期望獲取多少的利潤？有些人把投資當副業，賺點零用錢花就夠；有些人把投資當作正職，至少要賺到能維持生計的數字；有些人把投資當作存老本，那當然越多越好囉。

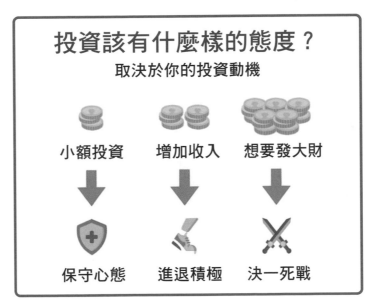

圖 4-2　投資的方式和態度隨著動機不同，而有各種選擇。

綜合時間、風險、報酬三個因素，我們可以得到以下結論：

- 花在研究投資的時間越長，越有機會獲利。
- 平均報酬越高的投資方式，風險可能越高。

時間、風險、報酬是決定投資方式的關鍵，投資人依照自己在各項條件的需求，衡量可行且合適的投資策略。

若在沒有確認自身條件的情況下貿然進場投資，很有可能會讓自己承擔了過高的風險，或者是讓原先就忙碌的生活變得更加疲勞不堪。

更重要的是，當投資方式不正確時，往往讓人投注了大量心力與時間，最後還以賠錢失敗收場。所以在了解自己的條件之後，下一步就要尋找跟自己匹配的投資方法，也就是交易策略。

你可能聽過證券商在推廣，零股交易有利小資族進行投資；或者是投信廣告說，基金可以定期定額做比較低風險的投資；也可能在網路上看到有人說，現在正是可以大舉買進某種產業類股的資訊。當看到這類資訊時，千萬別誤以為整筆投資、零股和定期定額即是投資策略，這三種是買進的方式。

整筆投入和買進零股的差別在於買進的量，是以張數為單位大量買進，還是以股為單位少量布局；定期定額強調的是，在固定的時間週期買進固定的量。

三者的重點在於買進方式的不同，但一個完整的投資策略遠遠複雜於此。投資策略包含了如何挑選標的、什麼時候買進、哪

些情況要加碼或減碼，什麼時候又該停損或停利結束整筆交易。下一節要說的，才是真正的投資策略。

👀 藍白拖主力投資筆記

什麼時候進場？

什麼時候該進場？雖然不同的交易要搭配不同的進出場方式，但有些規則跟邏輯是通用的，在這裡大概說明一下我的做法。

關於進場，不論多空，選定標的後，我都會毫不猶豫即刻進場。

有些人會問：「選好標的是不是應該等均線靠近，或技術指標出現方向再進場比較有利？」其實對我來說，市場無法控制，但隨時都存在機會。

假設選到的標的並沒有拉回或反彈，可以進場就直接發動一波行情，而我因為執著於進場點而錯過獲利，勢必會留下遺憾與後悔。

所以我會在標的選定時，就進場建立一半的部位，當標的來到更棒的加碼點時，再次進場將另一半資金投入，若標的走勢如預期，則在帳上部位獲利打平第一筆的交易成本時，投入另一半資金。

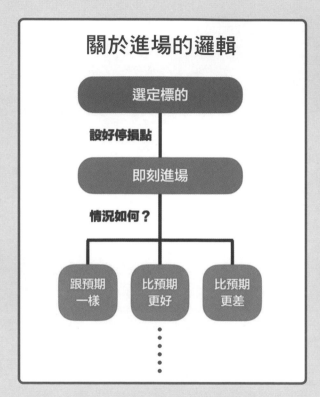

圖 4-3　該進場投資了嗎？請依照這個邏輯思考。

　　只要將停損點設定清楚，並嚴格執行，即刻進場的方式不但能夠保有資金靈活度，更能讓自己不會錯過該賺到的行情！

2

我最愛的股票：吃喝玩樂股

　　說到長期投資，市面上有許多書籍和課程常宣稱，能讓你成為第二個巴菲特（Warren Buffett）。但我沒有要你變成巴菲特，我只希望你能認真生活。

　　雖然電子與半導體占台股上市、上櫃股票的多數，但還是有為數不少的公司以食、衣、住、行、育、樂等為業。許多公司不但與生活息息相關，甚至連名字都是大家耳熟能詳的。

　　比如，黑松沙士、冰鎮紅茶、可樂果、卡迪那、科學麵，這些東西是你的宵夜必備品嗎？星巴克、天仁茗茶、鮮活果汁是你出門在外必訪的愛店嗎？你們身上是否正穿著 NIKE 和愛迪達的產品？

　　這些東西都是由臺灣大大小小的上市（櫃）公司組成供應鏈，才能順利生產完成的。

　　甚至路上的各式車輛，從國產、日產甚至進口雙 B 系列，全都跟台股有關，金屬車殼、引擎零件、汽車冷氣、輪胎等一路到進口車代理銷售，臺灣的企業幾乎一條龍全包了。這些與大家生活密不可分的企業，正是長期投資最好的標的。

長期投資股市，也別忘投資生活

　　長期投資最重要的就是選股，因為投資的獲利來源不包含短期的股價波動，我們必須確保企業能夠長期獲利。而**選股的第一個方向就是你的工作。**

　　你的工作是屬於什麼行業？你會接觸到哪些上市（櫃）公司，又或者你任職的就是一間上市（櫃）公司？

　　看到這裡千萬不要誤會，我不鼓勵內線交易，我只是想告訴大家，工作上某些自己認為非常簡單的產業知識，對別人來說，都是完全無法理解的高深學問。這些知識往往能夠運用在產業類股的投資上，讓你對於產業興衰與公司發展前景有極強的掌握能力，在長期投資上立於不敗之地。

　　舉例來說，大學時我讀的是國貿系，同時選修財經系的課程，我的專業知識大都圍繞在金融，貿易的部分已經忘得差不多了。對我來說台積電（2330）到底在做什麼？矽晶圓真的是圓的嗎？封裝測試跟餅乾需要包個塑膠袋是一樣的道理嗎？要找出這些問題的答案，我可能得從高中化學課開始重讀。

　　但我的朋友在半導體產業做設備相關的工作，對他來說，我上面所提到的問題根本是理所當然的常識。所以當我跟他一起看待台積電（2330）時就會出現不同觀點，他可從半導體這個東西的根本應用與需求去判斷台積電（2330）的前景，而我頂多是看看各種產業新聞東拼西湊，然後搭配籌碼面確保外資還在。

　　我的另一個朋友在資訊科技公司任職，對我來說程式就是寫寫 Excel 加減乘除，C++ 或是 Python 簡直是文字天書根本看不懂。他的工作是幫助硬體設備廠商寫出一套可以配合客戶使用需求的程式，讓客戶精準運用程式操作生產線上的設備。他跟我提過，臺灣在精密機械的技術以及軟體程式的配合非常良好，是個很穩定獲利的產業鏈，但我只看得懂他穩定加班。

　　選股的第二個方向就是生活。 除了工作之外，我們能夠了解企業運作的最佳來源就是生活，前面所提到的各種零食飲料，或是與生活息息相關的產品與服務，都是良好的投資標的。要判斷一個企業能否長期獲利並穩定發展可能不容易，但是一款飲料好不好喝、一包餅乾好不好吃，或是某間店最近生意好不好，這些問題只要出門走走、逛逛賣場就能知道。

　　台股的上市（櫃）公司中，從上游的大宗物資進口貿易，到中游的加工批發，再到下游的調理與零售，每個環節都有不同的公司負責。甚至不同的食品種類也有各自領域的佼佼者。食品最上游的小麥、黃豆、白米、麵粉和食用油，這些製作任何食品都必備的原料，不論吃什麼都必定會用到。

　　比如，統一（1216）、聯華（1229）、聯華食（1231）、泰山（1218）和大統益（1232）等公司的營業項目包含了許多前面提到的食品原料，簡單來說，在臺灣不管你吃什麼，回溯源頭都是來自於這些公司提供的原料。像這類的公司就很適合作為長期投資的標的，畢竟新的手機可以晚幾年再買，但下一頓飯可是晚一點吃都不行呢。

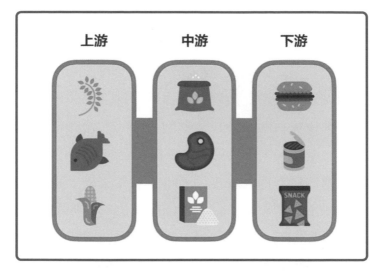

圖 4-4　只要多留意就會發現，生活中也有許多企業可投資。

　　除了最上游的大宗物資之外，比較基礎的食物比方說麥片、燕麥飲或是鮮奶等，也有不少相關的上市（櫃）公司。舉例來說，我天天當午餐吃的桂格大燕麥片，就是來自佳格（1227）的產品。除了鐵桶和紙盒裝的麥片之外，近期在便利商店上架的桂格 Oat Ya 系列燕麥飲，也是佳格的創新商品，我最愛的是燕麥卡布奇諾，你呢？

　　對我來說，我每個月大約會吃掉一桶桂格的麥片，買佳格除了是支持自己的愛店之外，還能回收我的餐費成本！

　　每年佳格（1227）的除權息，就像當月買麥片打折一樣，而且常常購買還有額外的好處，比如，我只要看看最近賣場有沒有新產品上架，就可以知道公司是否有花心思在創新與研發上。同

時定期買麥片吃，可以讓我觀察東西品質是否有下降，公司有沒有顧好熱銷商品的品質。

表 4-1　佳格（1227）近 5 年現金殖利率平均為 3.59%，遠優於銀行定存。

股利所屬期間	現金股利	股票股利	現金殖利率
2021 年	1.9	0	4.32%
2020 年	2.5	0	4.57%
2019 年	2.65	0	3.92%
2018 年	2.5	0	4.07%
2017 年	2	0	3.31%

資料來源：Yahoo! 股市。

殖利率＝股息÷股價，計算殖利率可以知道投入本金的實際報酬率，避免因為只比較利率，而忽略買進價格不同造成的投資決策錯誤。

此外，如果鹹酥雞是每晚必備的宵夜，雞排是逛夜市必吃的美食，蚵仔煎、滷蛋、茶葉蛋都是你熱愛的食物；那麼大成（1210）和卜蜂（1215）就非常值得注意。

大成（1210）和卜蜂（1215）在臺灣的雞肉與雞蛋市場就如同兩大霸主，從養雞飼料、飼養到雞蛋，甚至後端生鮮雞肉，以及調味與醃漬的雞肉，都由他們一手包辦。

幾乎可以說，臺灣跟雞有關的商品，都跟這兩家公司脫不了關係，對於愛吃雞肉與雞蛋的人來說，大成（1210）和卜蜂（1215）就是長期投資中的必備標的。

還有，黑松沙士是你的童年回憶嗎？Cheers 氣泡水讓你一瓶接一瓶嗎？愛之味麥仔茶跟分解茶是你家族聚餐必備良伴嗎？這些飲料都是由台股的上市（櫃）公司所生產的。

統一（1216）和泰山（1218）旗下有無數膾炙人口的飲料產品；黑松（1234）除了經典的沙士之外，還有 C&C Lemon 和茶花綠茶等新產品，就連大人口味的 CHOYA 梅酒，以及象徵金門的金門酒廠（對，就是最經典的 58 金高）都是黑松（1234）的旗下品牌。

除了瓶裝、罐裝飲料之外，手搖杯與茶葉伴手禮就是天仁（1233）的天下了。沒錯，店裡擺滿茶葉跟茶壺、招牌是 913 茶王的天仁茗茶就是天仁（1233）旗下的品牌，除了飲料店之外，適合跟朋友聊天聚會的餐廳「喫茶趣」，也同樣隸屬於天仁（1233）！

臺灣超商門市覆蓋率全球第二，離你家或公司最近的便利商店是哪間呢？午餐和晚餐如果有選擇障礙時，7-ELEVEN 或是全家絕對是最佳解答。還有口渴嘴饞時，便利商店也是能量補給

站，因此統一超（2912）和全家（5903）絕對是長期投資首選。

　　身為臺灣最大的兩間超商，它們有著不同的營運策略和目標客群，但在企業獲利與財務數字上都表現非常優秀。至於統一超（2912）跟全家（5903）究竟哪個比較好，哪一檔股票應該買多一點？

　　我的建議是，你最常去的那間就多買一點！對我來說，投資自己有在消費的企業，是一種爭取打折與優惠的手段，像我經常在統一超（2912）購物消費，那我當然就要從它手裡多拿點股利回來囉！

　　還有農曆年返鄉或是中秋節、端午節，大家應該都有在高鐵或臺鐵月臺上人擠人的經驗，你知道票價不斐的高鐵也是上市公司嗎？

　　高鐵民營化以後，在許多台股上市（櫃）公司的轉投資下，由交通部擔任最大股東，成立了台灣高鐵（2633）公司。在高速行駛的便利性，和臺鐵交通事故的影響，台灣高鐵（2633）不論是商務旅行，或是觀光行程上都有穩定的客源。

　　如果你是時常南來北往出差的商務人士、如果你喜歡上山下海到處遊山玩水，那麼台灣高鐵（2633）就非常適合納入長期投資標的。

表 4-2　與生活相關的產業，近 5 年年均殖利率（%）。

股名（股號）／發放年度	2022 年	2021 年	2020 年	2019 年	2018 年
大成（1210）	4.1%	5.48%	5.08%	5.28%	7.49%
卜蜂（1215）	4.98%	5.76%	5.96%	4.8%	5.27%
黑松（1234）	4.95%	5.19%	5.26%	5.03%	4.89%
統一（1216）	4.06%	3.83%	3.64%	3.3%	7.55%
泰山（1218）	3.06%	4.9%	3.92%	4.01%	2.28%
天仁（1233）	2.39%	2.32%	4.39%	4.93%	6%
統一超（2912）	3.32%	3.29%	3.17%	2.92%	7.92%
全家（5903）	2.35%	2.87%	2.67%	2.62%	2.85%
台灣高鐵（2633）	2.66%	3.52%	3.63%	2.99%	2.93%

資料來源：Goodinfo! 台灣股市資訊網。

存股該怎麼挑進場時機

　　生活上的各種事物都能讓我們找到投資的靈感。挑選完股票後，接下來要做的就是決定什麼時候買進。

　　存股是長期投資，正確的進場點是在相對低點止跌且開始反彈時。如果在股市處於高點時進行存股，賠錢的機率勢必非常的高，存股不能只看配股配息，更要考慮自己進場的價位是否過高，否則資本利得跟股利收益兩者相加為負，也是白忙一場。

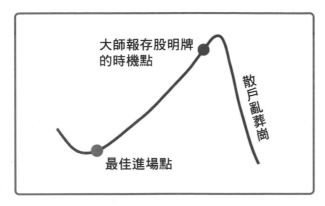

圖 4-5　存股最佳進場時機是在相對低點止跌且開始
反彈時。

買進時機一

　　第一個買進時機可以用「月 K 線」與「KD 值」兩個數據搭
配參考。我會透過「月 K 線」的高低，決定是否買進長期投資的
個股，只要股價來到長期的相對低點我就會買進。

　　前面介紹 K 線時有提過，我們可以用不同的時間週期來畫 K
線。平時看到的 K 線大都是以一天為週期畫成的「日 K 線」，因
為長期投資的交易週期較長，所以可以用以一個月畫成一根 K 線
的「月 K 線」來做股價高低判斷。

　　那到底股價多低可以買進？我通常會用「KD 值」作為判斷
依據。KD 值是技術分析裡指標分析的一種，透過不同時間長短
計算出兩個數值，週期較為短且快速變動的稱為 K，週期長且變

動緩慢的稱為 D，數值以百分比用線圖呈現。當月 K 線對應的
K、D 都來到 20 以下，且股價開始有向上走的趨勢時，就可以買
進了。

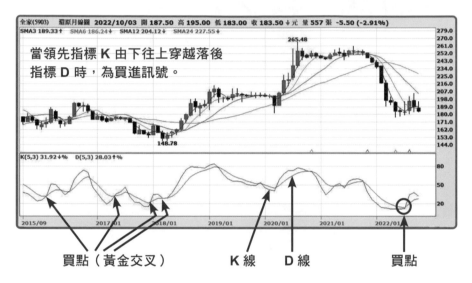

圖 4-6　K 線由下往上穿越 D 線，為買進訊號。

買進時機二

另一個買進時機就是當公司發放「現金股利」進行除權息的
時候。

除權息就是配發現金給股東，配發完之後公司股價會等價調
降。我會選擇在除權息當天股價調降時，依照現金股利的發放金
額買進等額的股票。

　　舉例來說，如果公司除權息每 1 股發放 2 元現金股利，原先 12 元的股價會在除權息當天調降至 10 元，也就是如果我持有 1 張公司股票，我可以在除權息時領到 2,000 元，我可以利用這 2,000 元再買進同一間公司的股票 200 股。

　　這樣的操作可以將公司的獲利分配轉化成為更多的持股數量，一方面避免領到現金亂花錢，另一方面也能很直接的透過持有股票的股數，反映出一檔股票的投資報酬率。

做長期投資，買來放著就好嗎？

　　我認為如果一間公司非常值得投資，即便股價大漲，我也不會輕易賣出。

　　第一個原因是，我會擔心如此優良的公司股票一旦賣出，股價若沒有回跌，就必須花更多的資金才能買回原來的持股數量。如此一來不但破壞報酬率，也大大影響持有股票的交易心態。

　　第二個原因是資金的效率問題，如果沒有出現比這間公司更好的投資選擇，我不會輕易賣出股票，如果要賣出，那也一定是要將資金轉到比原本表現更好、更賺錢的企業。長期投資講求的是長遠發展與穩定獲利，因此操作時也要有點耐心，不到萬不得已絕對不賣出手中的好股票。

　　倘若很不幸的，某天發現自己長期投資的公司店面一間一間倒、商品一樣一樣撤離貨架，這時該怎麼辦？

首先觀察股價的技術分析，如果股價沒有明顯的上漲或下跌方向出現，可以分批賣出或是繼續觀察；如果股價已進入下跌趨勢（如下圖），則需要腳底抹油盡快賣出；如果股價正在上漲，就可以繼續觀察，一旦股價出現反轉變弱時順勢賣出。

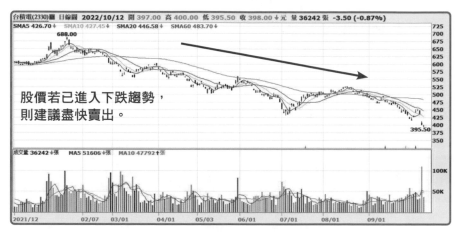

圖 4-7　當股票進入下跌趨勢，沒有明顯漲幅時，建議賣出。

我們都知道財務報表是落後指標，當公司營運狀況告一個週期的段落才會做成各種財務報表，也就是說財務報表的所有數字，跟當下的實際狀況存在一定的差異。如果公司的財務數值變差了，長期投資的股票應該停損嗎？

首先我們可以先分析一下財務數值，了解問題究竟是出在哪個環節。

簡單講一下概念，會計可以把公司的營運拆成不同階段，從

商品銷售金額的營收、減掉商品成本後的毛利、毛利再扣除人事費用等成本的淨利，再到最後繳完所得稅的稅後淨利。當財務數值出現衰退或是有異常時，我們可以先去分析問題發生在前面所敘述的哪個環節。

透過辨別問題所在可以知道，是公司已經失去競爭力正在走向下坡，還是純粹受到短期原物料或是景氣循環的影響。同時我們也可以觀察，是不是只有一個地方出問題，還是每個地方都有點小毛病，導致了企業最終的虧損。

唯有更仔細的研究，才能夠透澈的了解企業狀況，同時也能解決財報不佳，股票要不要停損賣出的問題。

👣 藍白拖主力投資筆記

內線交易這個名詞大家應該都不陌生，不論是新聞上看到，或是呃……親身經歷。從早年的博達科技掏空案（簡稱博達案）與台灣土地開發公司內線交易案（簡稱台開案），到後來的胖達人與國巨併購奇力新，內線交易在臺灣證券市場一點也不少見。

但內線交易到底是什麼？簡單來說，就是利用尚未公開的資訊在市場上進行證券買賣，比其他人更早進場卡位，等待消息公布後造成的股價波動並以此獲利。

在現行法律下，內線交易是違法的，不但有民事賠償責任，還有刑事責任。但是就算違法，為什麼大家還是這麼喜歡內線交易？

　　因為內線交易可說是所有交易策略當中最沒風險的一種。不但對股價方向掌握非常明確精準，而且因為臺灣鬆散的法律制定，也導致被定罪判刑的風險極低。換句話說，就是一種低風險、高報酬的交易，這樣的交易策略誰不愛呢！

為什麼不能內線交易？（請掃描 QR Code）

3

買就跌、賣就漲？
道理簡單但主力會騙人

　　一般來說，波段交易的選股方式，都會同時參考、交叉比對技術分析與籌碼分析。技術分析能夠判斷股價當前的趨勢；籌碼分析則可以預測股價未來的方向。波段交易的持有股票時間不短，因此投資的股票必須是能夠維持一定期間走勢的標的。

一般的做法

　　在操作波段交易時，大部分投資人會先尋找行情剛啟動的標的，像是剛開始漲價且創近期新高的股票，又或者是剛跌破月線的股票。總之，就是以某種均線排列和 K 線位置作為選股依據，這是一般常見的做法。

　　但這樣選股常常遇到一個問題：很可能一買進，股價就回檔下跌，或是一放空，股價就反彈上漲。這種狀況就是俗稱的「假突破」與「假跌破」。

　　簡言之，就是股價雖然向上突破（如頁下圖 4-8）或是向下

跌破，但是後繼無力、行情馬上往回走。

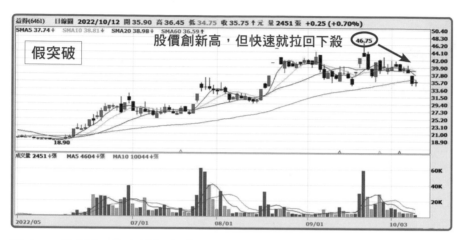

圖 4-8　假突破、真突破怎麼看？
資料來源：富邦證券。

　　有些時候這樣的情況可能是，特定交易人以極大的資金試圖影響股價，營造出某種行情即將啟動的樣子，以誘騙其他投資人（包含散戶甚至其他主力）進場。等到其他人進場後再反向帶動股價，迫使別人停損，使得自己因為前面有段反向走勢的鋪陳而獲利更大。這種前面先誘騙散戶，後面才真正拉抬股價的行為稱為「主力騙線」。

聰明的做法

　　為了避免所謂的「主力騙線」，波段交易出現了第二種比較

聰明的做法。

　　在選股上避免挑選創新高或創新低的股票，而是尋找股價波動穩定的標的，然後透過籌碼分析確保後續股價會往一定的方向移動。

　　例如你可以搭配「主力買賣超」這個數值一起看。如果股價上漲時，主力持續賣超（見下圖 4-9），就必須警覺股價隨時可能崩跌；如果隨著股價上漲，主力還天天越買越多（見下頁圖4-10），那就趕緊跟上主力一起買進。

　　這樣在股價來回波動期間進場，不論主力如何上下操作，股價都不會離自己的成本太遠，如此一來就能避免主力騙線，又能賺到股價大波段的獲利。

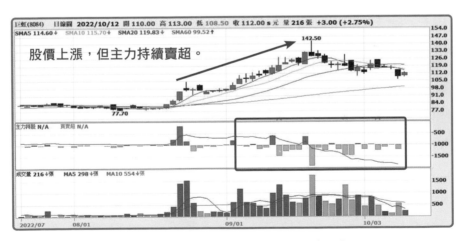

圖 4-9　股價上漲，主力卻持續賣超，小心股價隨時會崩盤。
資料來源：富邦證券。

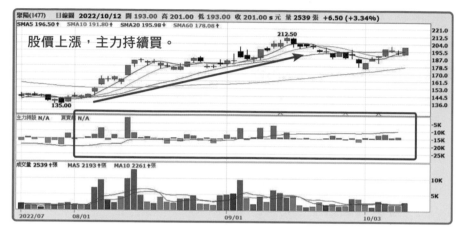

圖 4-10　股票上漲，主力也持續買進，趕快跟進買。
資料來源：富邦證券。

波段交易的停利停損點怎麼抓？

　　波段交易困難的地方在於停利與停損，許多人往往因為股價在一段時間內都朝同一個方向移動，便放鬆警戒，而當趨勢一改變時就被嚇得不知所措。最後不只將已經賺到的獲利吐回，甚至變成倒賠。

　　我認為「20 日均線」（20MA）是波段交易不錯的停利與停損方式。5 日收盤均價畫出來的稱為 5 日線，因為 5 天剛好是一週的交易日，因此 5 日線又被稱為「週線」，20 日則是一個月的交易日，因而被稱為「月線」。

　　不論做多或是放空，當股價越過 20 日均線時，表示一段時

間的趨勢已經被改變，股價的方向往往會出現強烈的反向走勢
（見下圖 4-11），若沒有即時出場停利或停損，後果大都是以賠
錢收場。

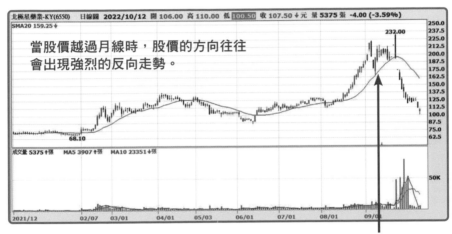

圖 4-11　藉由觀察 20 日均線，可大致判斷該停利或停損。

資料來源：富邦證券。

不論中期或短期交易，20 日均線是
大部分投資者最重視的均線，因此
也被稱為「生命線」。

4
想要搶短線，先弄懂撞球原理

短線交易是介於波段和當沖之間的一種交易模式，也就是持有股票的時間要大於 1 天（隔日沖），通常小於半個月。而想要搶短獲利，有兩個觀察重點指標，其中一項還與撞球的運動原理——慣性有關。

重點一：慣性

如果用撞球來形容，當沖就像是尋找剛被母球（白球）撞到，要準備開始移動的球，預測走勢方向的敏感度很重要。當被擊中的球已經遠離母球剩下慣性在移動時，這個慣性的移動就是短線交易要找的目標。

舉例來說，今天漲停的股票明天開盤可能繼續上漲、今天跌停的股票明天可能繼續下跌，或者是今天創新高的股票明天很可能繼續創新高，今天創新低的股票明天則可能持續下跌再創新低。

由於這些判斷標準都是依照股價常出現的走勢慣性，無法百分之百精準預測，因此短線交易的困難之處就在於：從不同股價

波動中找到「慣性」發生機率最高的種類來操作。正因為短線交易的重點是股價的波動慣性，故在選股的方式上大部分偏重技術分析。

重點二：成交量

除了基本的股價創新高、創新低外，短線交易還可以搭配成交量做輔助判斷。

舉例來說，股價持續上漲時，如果成交量也逐步放大，就可以推斷這個走勢能夠繼續維持。

如果市場上大家都認為股價不該來到這麼高，成交量可能有以下兩種狀況：

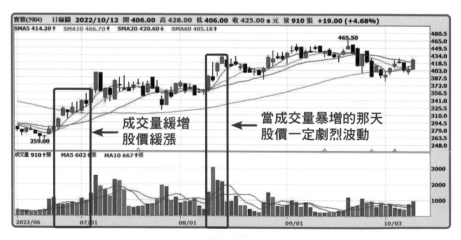

圖 4-12　短線交易可搭配成交量判斷。
資料來源：富邦證券。

- 第一種狀況是大家覺得價格過高了，爭先恐後賣出，成交量暴增，股價會急速下跌。

- 第二種狀況是大家沒有搶著賣出股票，而是降低買進的數量和速度，成交量遞減，造成股價持平緩跌的現象。

不論是哪種情況，我們都能發現當股價走勢無法持續的時候，成交量都會出現一定程度的變化（見左頁圖 4-12），以反映大家正在改變的交易心態，這也就是為什麼成交量在短線交易中是如此的重要。

投資最困難的一步：賣股

短線交易的另一個重點在於停損，任何交易方式中，停損都是最重要的環節，遠比選股還重要。因為短線交易持有股票的時間不長，倘若沒有即時將虧損的股票賠錢出清，會讓自己的資金一直卡在沒賺錢的股票上，降低整體投資效率。

此外，短線交易的進出次數比波段交易與長期投資密集，如果沒有執行好停損，會讓自己的本金消逝得非常快速。

一般建議短線交易可以透過近期的高低點，或昨日收盤價、今日開盤價等作為停損的參考點位。舉例來說，股價跌破近期低點，就必須注意股價很可能持續走弱下跌。

由於每個交易策略和每檔股票的狀態不同，必須依照不同狀況挑選最適合的參考依據。

另一個可以觀察的指標是「5 分 K」。5 分 K 是以 5 分鐘為週期畫出來的 K 線，相較於高低點或開收盤價，5 分 K 更能表現出股價短時間快速變動的趨勢。除了用於短線交易之外，也適用於當沖交易。

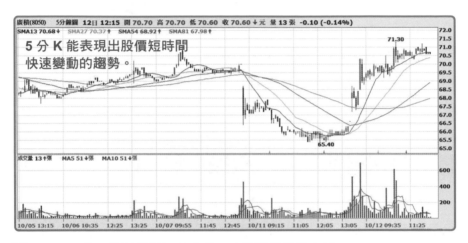

圖 4-13　5 分 K 除了用於短線交易，也適用於當沖交易。
資料來源：富邦證券。

藍白拖主力投資筆記

短線交易注意事項

操作短線交易時，要有壯士斷腕的心態！看好一檔股票短線上漲，買了卻下跌，就開始欺騙自己長期投資，繼續跌就說服自己是存股策略，這樣的心態實在不可取。

短線交易的確有可能短期內賺到暴利，但也有可能一夕之間把錢賠光，請衡量自己的能力，擬好策略再進場。有些券商軟體可以做停損的設置，非常建議投資者可搭配使用。

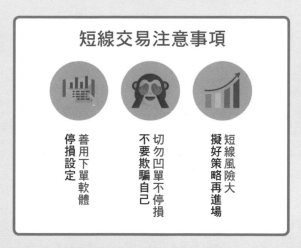

圖 4-14　短線交易可能短期內賺到暴利，但也可能一夕賠光，請衡量自己的能力，擬好策略再進場。

5

10 個當沖 9 個輸，沖浪客不好當

當沖泛指當日結清部位的交易種類，不論是股票、期貨或是選擇權，都可以做這樣的操作。由於本書以股票投資為主題，故這裡僅討論現股當沖（也就是股票的當沖）。

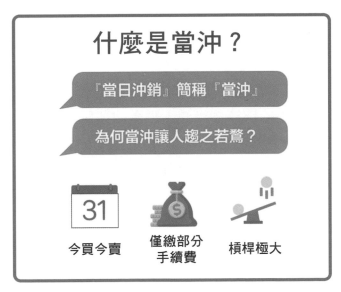

圖 4-15　當沖是藉由當日價差來賺取獲利的操作方式。

因為現股當沖必須在一個交易日內完成，所有的買進、賣出手續費和交易稅都要從獲利空間中支付，所以選股的方式和一般短線交易與波段交易有很大的差別。

每檔股票一天最大的波動幅度是前日收盤的 20％，也就是從跌停板到漲停板之間的距離。然而股市沒有天天過年，大部分的股價波動不會這麼劇烈。

依照我國現行證交稅條例規定，股票買進和賣出的手續費各為成交金額的 0.1425％，一般交易稅為 0.3％，如果是當日沖銷，證交稅負可減半為 0.15％。加總起來，現股當沖的成本約為交易總額的 0.435％。

當沖首重選股，掌握 3 條件才能提高勝率

當沖的目的在於找到股價極短期間內的波動方向，賺取波動空間扣除交易成本 0.435％後的一點微薄利潤。因此我們可以說當沖是一種獲利空間有限且成本昂貴的交易，在選股上就要特別小心，否則可能來去一場空，沒賺還倒賠。

選股條件一：可現股當沖

現股當沖選股的第一個條件就是：可現股當沖。這聽起來像廢話，但請聽我詳細解釋。

台股的所有股票當中，不是每一檔都可以當沖（如右頁圖

4-16 即表示可當沖），萬一你買到的股票不能當沖，那根本不用談什麼交易策略和方法，趕快關電腦去找錢準備交割吧！

圖 4-16　股票若可當沖，在下單區中會顯示「買賣現沖」字樣。

　　不能當沖的股票一旦買進，最快也只能隔天賣出，換言之，假設你是 10 月 24 日成交，那麼 10 月 26 日早上 10:00 前一定得將買進金額存入銀行戶頭交割，否則就會違約。因此，現股當沖的策略第一步就是挑選可以現股當沖的股票，這非常的重要。

選股條件二：成交量要足

　　由於當沖交易必須在當天結清部位，如果股票的成交量過低，會出現買進之後沒人跟你買，或是放空之後沒辦法買進回補的狀況。

　　在操作現股當沖時，我們需要非常留意該檔股票的成交量，如果股票的成交量不足，即便進場後股價有波動，也會因為出場時所導致的滑價，而壓縮獲利空間。故現股當沖選股的第二個要件就是成交量要夠大。

滑價（Slippage）又稱滑點，是指因買賣張數過多而導致股價的異常波動。

選股條件三：股票會波動

接著我們要做的就是確保股價會波動。如果一檔股票可以當沖、成交量也夠大，但是整天都在同一個價位附近徘徊，這樣不論做多買進或是放空賣出，都不可能賺到錢。

股價的短期波動會受到技術面、籌碼面，以及產業消息與公司新聞等因素影響。而最容易觀察的就是技術分析，股價創新高、創新低，或者是來到均線附近等價位，都可能讓股價出現劇烈波動。

對於想做多的當沖交易者來說，尋找股價創新高是非常容易上手的方式，相反的，做空則可以留意創新低的個股。為了讓我們能夠更準確的掌握個股波動，除了技術分析外，還可以搭配籌碼分析作輔助。

舉例來說，剛剛提到的做多策略篩選了創新高的個股，我們可以再加上「主力買超」或是「外資買超」等條件一起篩選。透過技術面與籌碼面的過濾，可以找到股價方向更明確且波動更加劇烈的股票，如此一來就能夠大大提高當沖獲利的機會。

停損是為了繼續留在市場上

　　最後我們來說說最重要的停損。由於現股當沖的交割方法是採損益結算，換言之，買進或放空的當下並不需要支付任何金額。當整筆當沖交易結束時，證券商會計算出損益，若當沖為獲利，則扣除交易成本，並在 3 天後將金額存入交割帳戶。倘若當沖為虧損，3 天後則須支付虧損金額再加上交易成本。

　　當沖是一個槓桿極大的操作方法，由於進場幾乎沒有本金可言，使得交易非常容易放大。如果沒有及時掌握停損，虧損金額可能急速放大，甚至超過自己可承受的範圍。

　　舉例來說，我在做當沖時，買進之後只要價格往下「2 個檔位」，也就是跳動 2 個五檔的位階我就會停損出場，幾乎只要賠一點點就強迫自己結束交易。

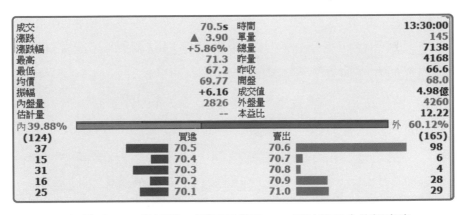

圖 4-17　假設以 70.6 元買進，只要下跌至 70.4 元時我就會停損賣出。
資料來源：富邦證券。

如上頁圖 4-17 為某間公司的五檔，假設我在 70.6 元時買進，只要價格下跌變成第二順位，也就是 70.4 元時，我就會結束交易趕快停損出場。

因為我認為在當沖交易中停損的技巧比選股還要重要，就算選股再怎麼準確，如果無法掌握停損，很可能只要賠一次就無法翻身。

藍白拖主力投資筆記

什麼時候出場？

關於出場，教我做現股當沖的老師是這樣說的：「當買進（或放空）的理由消失（也就是狀況一不對勁）就應該停損出場。」

雖然這句話是在說明現股當沖停損時講的，但是這個觀念放在任何交易都適用喔！

假設持有一檔股票，期望它上漲，該出場的第一個狀況是，買入後就跌至停損點。

第二種狀況是，股價如預期上漲，但某天突然不漲了（不論持平或下跌），這個時候就可以考慮要不要減碼，或是完全出場。

　　兩者沒有好壞之分，純粹看投資人在制定策略時的風險考量跟交易習慣。

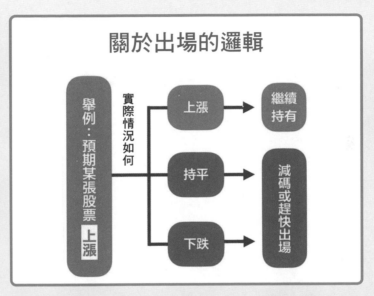

圖 4-18　當買進（或放空）的理由消失，就應該停損出場。

附錄

藍白拖主力答客問

Q1
升降息代表什麼意思？

　　「升息」指的是央行上調銀行存款的利率，「降息」是把利率往下調。升息與降息對整個經濟體與金融市場的影響非常大，除了股市、債市之外，甚至不動產與景氣的好壞，都會受到升降息影響。

　　當政府宣布把銀行利息升至5％時，一年在股市當中賺5％的人，就會寧願把錢從股市中拿回來，放到銀行去定存。因為股市有風險，但銀行存款沒有！反之，當政府把利息從5％降至0.5％時，原本領利息的人就會覺得，寧願冒點風險把錢投入股市，再怎麼樣獲利也會比0.5％好。

　　市場上景氣過於熱絡時，很可能會是經濟泡沫或者金融海嘯的開端，此時政府就會宣布升息，鼓勵大家把錢存到銀行，避免過度投資與股價泡沫化。

　　若是百業蕭條、物價飛漲，則可能是經濟體崩潰的前兆，這個時候政府就會宣布降息，希望刺激大眾把錢領出來去消費或是投資，並刺激景氣復甦。

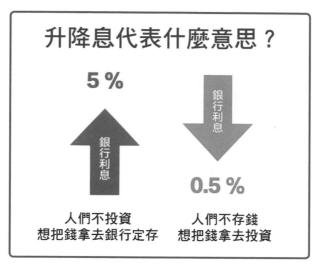

圖 A-1 「升息」是指政府上調銀行存款的利息,「降息」是把銀行存款利息往下調。

　　雖然簡單來說,升息與降息是中央銀行在調整存款的利率,但其中的細節非常複雜。首先會存錢的不是只有一般民眾,銀行也會存錢。一般民眾會把錢存在銀行,當銀行的錢太多時,則會拿去存在中央銀行。

　　升息的做法包含中央銀行提高對銀行的存款利率、一般銀行提高對民眾的存款利率,甚至提高銀行間彼此借貸的利率,都可以稱做升息。升降息的手法百百種,大家只要簡單知道升息與降息的概念就好。

Q2
什麼是經濟危機、金融海嘯？

大家想必聽過「金融海嘯」、「金融風暴」、「金融危機」、「股災」之類的名詞吧？從美國前總統唐納‧川普（Donald John Trump）發動中美貿易戰到新冠肺炎爆發，以及聯準會縮表等事件，都常在財經新聞中被說可能引發金融海嘯。

金融海嘯是一種經濟的狀況，其中包含股市、債券市場、社會消費、銀行利率、房地產市場等，各種經濟狀況同時陷入衰退與混亂。許多人對於金融海嘯極為恐懼，經歷過 2008 年次貸危機[1]的投資人，更以「浩劫」來形容當時的金融市場。

對我來說，金融海嘯是長期投資的最佳進場時機，不但能夠放空獲利，更能在放空後，以超低的價格介入股市、債市與房市進行投資。

在金融海嘯時投資，完全反映了「別人貪婪時我恐懼，別人恐懼時我貪婪」的概念，但是其中的風險同樣也非常高，必須判

---

1 Subprime mortgage crisis，是由美國國內抵押貸款違約和法拍屋急劇增加所引發的金融危機。

斷市場是否真的已經到達底部，還有景氣是否有機會向上反轉，
大家針對金融海嘯做投資布局時，千萬要注意風險喔！

縮表（shrink balance sheet）是「縮
減資產負債表」的簡稱，是指將過
去印的鈔票、債券收回來，讓資產
負債表的項目減少。

Q3
財經新聞常提到鷹派、鴿派和貓頭鷹派，這是什麼？

　　財經新聞之所以會出現這三種鳥類，是因為牠們被拿來比喻國家中央銀行對經濟政策的不同態度。

　　老鷹是凶猛的掠食者，被拿來比喻央行主張強硬升息以避免通貨膨脹。認為過度或失控的通貨膨脹，會對經濟系統和國家貨幣帶來毀滅性的影響，因此以對抗通貨膨脹為首要目標。具有這樣想法的央行或是財政官員，會被稱為鷹派。

由於《聖經》中諾亞方舟的故事，鴿子被視為和平的象徵。「鴿派」便拿來形容較為緩和且溫柔的作風。

　　相較於鷹派主張強硬升息，鴿派的央行政策則是透過降息，甚至是印鈔票，刺激消費進而提高企業獲利，最終達到提振經濟的目標。鴿派主張央行應該以經濟發展為重，其他經濟數據與金融現象都是次要的。

　　而貓頭鷹的形象向來和睿智、聰明有關，貓頭鷹央行指的是不偏向鷹派或鴿派的作風，依照當下的經濟與金融市場狀況進行合理的貨幣政策。

　　大部分的央行管理的都是一個國家的經濟狀況，美國央行聯準會看到通膨太高所以選擇鷹派；中國人民銀行因為疫情使得景氣低靡於是選擇鴿派。而歐洲央行是全球最特別的央行，它控制的貨幣橫跨整個歐洲，有已開發國家也有開發中國家，從工業重鎮到農糧大國都在管轄範圍。為了權衡整個歐元區域的不同國家狀況，歐洲央行很難單一的選擇鴿派或鷹派，因此出現了貓頭鷹派這樣的說法。

Q4
沒時間的人怎麼投資？

　　如果你超忙，完全沒時間關心投資，那麼你適合長期存股、定期定額買進 ETF，只要設定好進出場時間點，就不用再回頭做其他操作。這方式花費時間極低，但報酬率也低。

　　有點時間投資的人通常是上班族，可以在午餐時間滑手機，下班後花 30 分鐘看點個股的狀況。這類族群適合做股票的波段交易，善用券商看盤軟體，建立選股方式與進出場策略，就能夠進行一些個股的多空操作。

　　有非常寬裕的時間研究投資的人，通常是退休族群，可以將自己的投資做更細的規畫。除了基本的股票波段交易外，還可接觸更多高槓桿的商品與更短線的交易，花費較多的時間換取較高的報酬，並多元化自己的投資配置，比如投資融資融券及加密貨幣等。

　　花越多時間和心力研究投資，如事前研究、擬訂策略、看盤、買進賣出、檢討成果、再學習等，獲利的機會就越高。

Q5

什麼是 0050 ？誰適合買？

　　元大台灣 50 基金，投資人通稱為台灣 50，代號 0050。元大台灣 50 基金顧名思義是一檔基金，這檔基金以 ETF 的形式運作，內容包含了台股市值最大的 50 間公司，它之所以會這麼有名，主要有兩大原因：

　　首先，它是臺灣股票市場上第一檔發行的 ETF，因為發行時間最早，因此廣為眾多投資人所知。

　　另一個原因是 ETF 的組成，由於 0050 以台股上市股票市值前 50 大的公司為成分股，走勢與波動基本上與加權指數有極高度連動性，對於希望做長期投資的投資人來說，選擇 0050 最簡單，並且能獲得幾乎與加權指數一樣的報酬。

　　那麼誰適合投資這樣的 ETF 呢？由於 0050 包含的股票有各式產業，從電子、金融、塑化都在其中，若今天電子類股非常強勢，但塑化類股走弱，則可能抵銷電子類股在 0050 上帶來的漲幅。倘若一般上班族還有點時間滑滑手機，看看 IG，其實可以直接嘗試波段交易甚至短線交易。然而若是機師、醫生等工時較長，或是無法使用電子產品的投資人，很難在平常工作時關注股

市，對於他們來說 0050 就是不錯的選擇。每當台股出現重大跌幅，甚至是金融海嘯時，可以將手中的資金單筆買進，然後就可以繼續回去上班過自己的生活了！

這樣的投資目的在於長期投入台股市場，賺取臺灣上市公司企業每年的配股配息，同時隨著經濟成長與社會進步之下，能夠賺到穩定的長期價格成長。如果你的工作很忙，又或是生活繁忙不堪，片刻不得閒，台灣 50 就是長期投資的好選擇。

適合購買 0050 的族群

工作時間很長　　生活非常忙碌　　無法隨時上網

圖 A-2　如果你是上述族群，0050 非常適合你購買。

Q6
金融股真的風險很小嗎？

　　討論金融股之前，我們先來看看什麼是金融業。簡單來說，金融業就是將客戶的存款借給有資金需求的人，賺取存款利息跟借款利息之間的差額（貸款利率－存款利率＝差額）。

　　除了基本的存款與放款外，臺灣的金融業多為金控結構，除了銀行還有壽險、產險、證券、投信等子公司，不同子公司間會分享彼此的產品，一起向客戶銷售（銀行也賣保險、證券也賣基金），形成以存放款業務為主、理財相關商品為輔的產業型態。

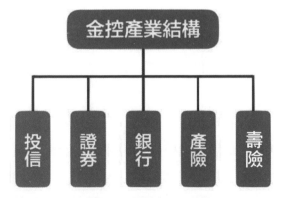

圖 A-3　臺灣的金融業多為金控結構，除了銀行還有壽險、產險、證券、投信等子公司。

論風險，金融業不像科技業要承擔技術研發的風險與成本，獲利的波動也比製造業小很多。當金融業的獲利穩健且事業風險較低時，資本利得就成了投資成功與否的關鍵。換言之，如果在**價格高檔時買進金融股，那麼這筆投資失敗的機率將大大提高。**

且由於金融業的特性是會在景氣衰退前開始獲利放大，此時股市早已大漲許久。當長期持有股票的人因為大漲而有了豐碩的獲利，就會出來炫耀不用看盤也可以賺錢，這時散戶聽到就想模仿別人存股，而還沒大漲的股票就剩下金融股。

此時一點利多新聞就能讓散戶一窩蜂的進場買入金融股，最後隨著景氣循環走向衰退，金融業放款風險上升且獲利下降，股價自然向下崩跌，留下緊抱套牢股票的散戶。

由於金融股的產業特性，股價常常維持在一個位階不會有太大漲跌，一旦買到高點，看不同公司的狀況，通常都會套牢 3 年到 10 年不等。

以下頁圖 A-4 為例，1999 年 6 月買進的金融股，在 2004 年和 2008 年都有 2、3 次接近前次高點，再下一次突破前高則是相隔 7 年後的 2018 年。而 2022 年 4 月後的下一次高點，不知道又要等到何年何月。

下頁圖 A-5 則是塑膠業的週線圖。從圖中可以看到，在 2007 年 10 月買進的人，必須到 2011 年以後才能回到先前的高點，而下一次再回到同樣的水準，則是 2018 年的 6 月以後。第一次等了 4 年，第二次等了 7 年。

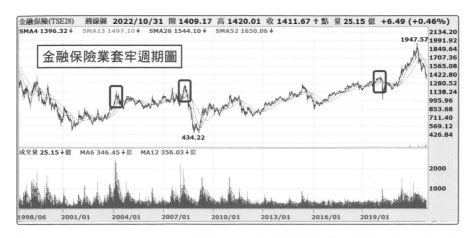

圖 A-4　在 2004 年和 2008 年都有 2、3 次接近前高點，再下一次突破先前高點，則是相隔 7 年後的 2018 年。

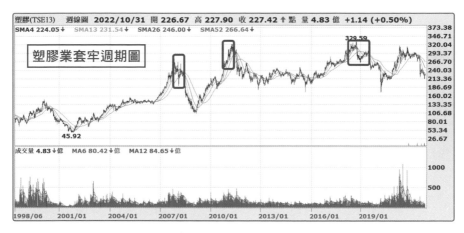

圖 A-5　在 2007 年 10 月買的類股，到 2011 年後才回到先前高點，而下一次再回到同樣水準，則是等了 7 年。

　　而圖 A-6 為鋼鐵類股的週線圖，若在 2004 年初買進鋼鐵相關的類股，得等 2007 年的 1 月以後才會解套。若不幸買到 2008 年後的高點，則必須等到 2021 年的 4 月以後才能解套。

圖 A-6　2004 年初買進的鋼鐵類股，一直到 2007 年初才解套。若是買在 2008 年那更慘，得等到 2021 年才解套。

Q7
定期定額買股有風險嗎？

定期定額是近幾年非常流行的投資方式，為什麼？因為近 10 年股市走的是大多頭行情（也就是投資人對行情看漲）！

定期定額顧名思義，就是在固定的時間等額的不斷買入投資標的，在假設投資標的長期而言會持續上漲的前提下，定期定額是一個必勝的投資方式。

然而當我們回頭看看投資的實際面時，會發現總有些地方怪怪的，定期定額存股存成「骨」、基金定期定額賠 50％，好像都時有所聞，到底問題出在哪？

定期定額的標的如果沒有長期往上漲的趨勢，那投資下來的結果肯定是買越多、賠越多。許多投資人以為任何標的只要定期定額就一定會賺錢，完全忽略了投資要判斷標的本質的好壞。

定期定額的最大風險，就是標的長期而言走跌甚至歸零，例如某檔以選擇權波動度為標的的 ETF，發行價格 20 元，至今剛好斬一個零，剩下 2 元，長期定期定額買進這檔 ETF 的人不可能獲利。近期甚至出現當 ETF 淨值低於 2 時，會強迫解散基金下市，簡單來說就是變壁紙的意思。

定期定額也許是不用盯盤也不用判斷買賣點的投資方式，但不代表你可以忽略標的的分析，錯誤的投資標的就算用了再強大的操作方式，也不會因此改變必然虧損的結局。

定期定額讓你可以減少許多做功課分析的時間，但同樣的也會讓你在投資的過程中少掉非常多的獲利機會（不論是高檔減碼或是低檔加碼，都能放大定期定額的獲利空間）。

你願意為了自己的錢付出多少時間，市場也會等量的回饋你，當選擇定期定額這類較不負責任的投資方式時，市場自然不用為了你的報酬率負太多責任。

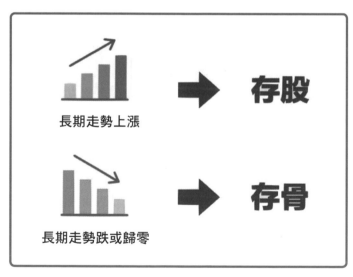

圖 A-7　定期定額標的若長期走勢看漲，是一個必勝的投資方式；但若長期走勢看跌，則可能變壁紙。

Q8

我買的股票一直跌，該怎麼辦？

　　如果你問這個問題，表示你可能在交易上犯了很嚴重的錯誤：沒有制定交易策略、設立停損點。

　　完整的交易策略包含選股、進場、加碼、減碼、出場與檢討等六個步驟，不知道自己該不該出場，表示你沒有為這次的交易設定停損。

　　如果你已經設定交易策略和停損點，那麼要做的就是確實執行停損點！

　　既然都設好停損點了，「股票一直跌怎麼辦」的解答，應該是回頭看看自己的停損點到了沒。如果到了，請果斷執行，還沒到，就耐心等待行情表現。

　　如果你當初根本沒有制定投資策略、設停損點就進場了，該怎麼辦呢？「早一點認錯，早一點解脫。」請及早認清錯誤停損出場。

　　檢討自己這次的錯誤並改進，下次進場投資之前，請一定要事先擬訂投資策略！

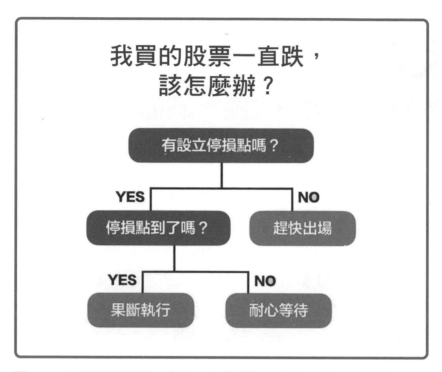

圖 A-8　如果買的股票一直跌，應立即檢視是否已到預設的停損點，
若已到，則應果斷執行退場。

Q9
股市動物園，牛、熊、黑天鵝、灰犀牛代表什麼？

　　在股市中，除了之前提過的老鷹、鴿子、貓頭鷹之外，我們還常聽到 4 種動物——牛、熊、黑天鵝、灰犀牛，牠們各有不同的代表意思，你分辨得清楚嗎？接著就讓藍白拖主力教你看懂這些股市動物名詞。

牛

　　「牛市」這個名詞相信你一定聽過。牛市又稱多頭市場，它是指投資人看好市場，紛紛進場。會有這個說法，是因為牛攻擊對手時，會用牛角將對手往上頂，如同股市行情往上。

熊

　　相反的，用來指投資人對市場抱有悲觀的想法，預期未來股價會下跌，看壞股市前景，則稱為「熊市」，又稱為空頭市場。

之所以有這個說法，是因為熊在攻擊對手時，會以熊掌向下拍擊，就像股市下跌一般。

當股票近期低點漲幅超過 20%，即代表進入牛市；如果股票近期高點下跌超過 20%，即進入熊市。

黑天鵝

常見的天鵝都是白色的，他們是源自於歐洲的白天鵝。然而有另一種天鵝羽毛是黑色的，因為一身黑而被稱為黑天鵝。黑天鵝的家在澳洲，18 世紀時的歐洲人航行到澳洲後發現他們時大為震驚。

在歐洲人的認知裡，天鵝一定都是白色的，不可能存在其他顏色，然而到了澳洲之後，這個想法卻完全被顛覆了。之後凡是超乎認知或是被認為不可能發生的事情但又實際發生了，就被稱為「黑天鵝事件」，或直接說這件事是「黑天鵝」。

股票跟債券有漲有跌，整個金融市場會隨著央行利率的起伏而波動，這再正常不過。黑天鵝之所以會被投資人關注，是因為它會破壞金融市場原有的波動與節奏。

　　舉例來說，2020 年新冠疫情爆發以前，整個金融市場在 2008 年次貸風暴後進行貨幣寬鬆救市已久，2016 年到 2019 年間美國曾努力升息，試著把過去撒出去的鈔票收回來。2019 年 8 月由於中美貿易戰引發市場的擔憂，美國進行小小的降息給市場調適期。

　　然而時間到了 2020 年新冠疫情大爆發，全球瞬間陷入恐慌。為了舒緩疫情對社會與金融市場的衝擊，各國央行都進行降息、發放補助等刺激經濟的政策，深怕疫情毀了好不容易被救活的景氣。

　　原本市場預期在經濟持續成長下緩慢升息的步調，一瞬間變成經濟急凍、金融市場游資[2]氾濫又戒慎恐懼的詭譎氛圍。對投資人來說，最害怕的莫過於未知，尤其是無法預測且不知如何應對的變數。黑天鵝恰恰符合超乎常理且難以預測的未知特性，因此每當市場有什麼風吹草動時，就會出現各種潛在黑天鵝的說法。

灰犀牛

　　犀牛都是灰色的，為什麼要特別稱呼牠為灰犀牛？因為指的是非常有可能發生的重大風險，但因為沒有立即發生而被人們忽視。灰犀牛就像一顆不知道倒數秒數的定時炸彈，只因為它還沒爆炸，就被人們輕視，覺得不用杞人憂天急著處理。

2　投機性短期資本。

灰犀牛的概念與黑天鵝不同，黑天鵝強調無法預期與未知性，但灰犀牛卻是幾乎已知的風險。正如同大家都知道犀牛是灰色的一樣，這個事件的風險大家都非常清楚。然而因為有所了解而輕視了可能帶來的損失。這種已知有害卻被忽略的情形就被稱為灰犀牛。

　　就如大家都知道氣候變遷會使得海平面上升，同時也影響自然環境導致許多生物滅絕。然而氣候議題從 1992 年就有國際性的公約出現，但至今暖化與汙染等問題仍在。

　　氣候議題在經濟發展與政治考量上往往都是被忽視的，僅有重大天災發生時能短暫重獲關注。像氣候變遷這樣的問題就會被稱為灰犀牛，大家都知道會如何發生，但尚未正面積極處理。

Q10
質押是什麼？前一陣子新聞很紅

我們常看到新聞上提到某公司董事設質股票，或是解質股票，其實這兩個名詞都源自「質押」這個行為。質押的意思是持有股票的人如果口袋空空缺錢用，但又不甘願把股票賣掉變現，這時候可以把股票抵押給銀行借出現金。將股票拿給銀行借錢的這個行為稱為質押。

一般的投資人將手上的股票拿去借錢並沒有太大的問題，純粹就是每個人的資金利用狀況不同而已。然而如果是公司的董事或大股東做質押就不一樣了，他們身為公司的擁有者，最了解公司內部的狀況，倘若知道公司快倒了，將股票質押給銀行，借出現金之後帶錢跑路，那對其他投資人非常不公平，也會造成很大的傷害。

因此為了避免這種狀況，身為公司的董事、大股東等特殊身分的人如果要做質押，必須向證交所或櫃買中心申報使用的股票與張數等細節。質押的辦理流程包含設質、動用借款額度、還款與解質等。

「設質」指的是將股票交給銀行估算借款額度，就像去當鋪時，把想要典當的珠寶先拿給老闆鑑價，看看能借多少錢出來。設質後銀行就會告訴你，這些股票能夠讓你借多少金額，可以選擇全部借出來，或是只借需要的金額就好。

選擇自己要借的金額後向銀行提出申請，最後實際拿到現金的這個環節就稱為「動用借款額度」。當手邊資金充裕時，就可以把跟銀行借的錢還回去，也就是「還款」。然而還款並不是質押的終點，別忘了股票還在銀行手上呢！「解質」的意思是，當借款都還清之後，把股票從銀行手中拿回來。

解質通常是短期內不會再向銀行借款，或者是有賣出股票的打算時才會進行。否則重新去銀行跑一次設質的流程挺麻煩的，還得多繳一次銀行的手續費！

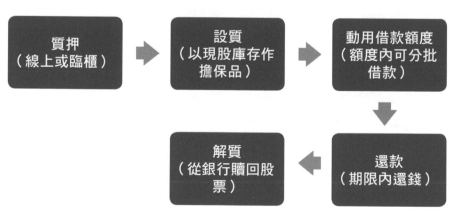

圖 A-9　股票質押辦理流程。

Q11
新聞常報外資抄底大賺出場，
什麼是抄底？

　　財經新聞常看到外資抄底某某股票，大賺出場之類的標題，市場上也不乏主打抄底專家、抄底達人之類的人士分享自己的投資經驗。抄底究竟是什麼？

　　抄底的前提是股價短時間內已經大幅下跌，透過任何指標或分析方法判斷股價不會再繼續下跌了。因此在暴跌後預期很快就會出現反彈而買入的行為稱做抄底。

　　抄底的風險其實非常的高，是一種逆勢而為的交易。在實際操作時較少會作為主要的投資方式，因為不是天天都有大跌的股票，抄底的機會自然是不多。

　　通常抄底的機會有兩種，一個是整體股市大崩盤，另一個是單一個股因為自身的原因大跌。

　　整體股市崩盤就像 2015 年中國股災、2020 年新冠疫情爆發等狀況，2008 年金融海嘯之所以不算，是因為當時的市場是持續緩跌而非密集的連日大跌。

倘若 2008 年金融海嘯剛發生時就進場抄底,那想必是死傷慘重,美股道瓊指數當時下跌了 1 年又 3 個月,在等到反彈之前恐怕已經彈盡糧絕了。由此可見,抄底並非像百貨公司週年慶搶購那樣簡單,萬一錯估情勢可是會帶來天大的損失。

抄底的同時千萬別忘記風險控管,做好停損與停利的規畫,是進行抄底之前必做的功課。

Q12
飛機不能飛？為何要發布禁空令？

　　每當台股出現連日大跌持續走弱的態勢，「禁空令」這個名詞就會出現在財經新聞標題上。禁空令聽起來很像跟飛機有關，但千萬別誤會，它不是一道不讓飛機起飛的命令。

　　證交所跟櫃買中心對於股票的交易有許多的限制，包含最基本的漲跌停幅度以及融資融券成數等槓桿的限制。禁空令指的是證交所或櫃買中心以各種方式去限制市場，進而達到讓人無法放空股市的目的。最常見的手法就是從融券下手，包含提高融券所需的保證金，又或者是限制前一天下跌超過某個比率的股票，隔一天禁止融券放空。

　　舉例來說，假設金管會禁止跌幅 3％的股票平盤以下放空，若今天 A 股票下跌 2.9％、B 股票下跌 3.2％，則隔天 A 仍然可以融券賣出做放空，但 B 卻不能進行融券。

　　除了從一般投資人常用的放空手段融券賣出下手之外，禁空令也有針對法人的規範。由於融券的額度來自於融資，對於法人動輒千萬張的股票交易量來說完全不夠用，於是就發展出了借券這樣的制度。

借券的道理其實跟融券一樣，法人必須負擔費用取得股票才能賣出，待股價下跌後再買回來還給別人。法人版的禁空令主要是限制借券的張數，進而壓低盤中放空賣超的力道。

實施禁空令好不好？這很難說，身為平民老百姓的我們，能做的就是，多關注禁空令的發布內容，及早確認自己的操作策略會不會受到影響。

Q13
新臺幣匯率和台股有什麼關係呢？

　　不知道你有沒有留意過，每當新聞在報導新臺幣和美元的匯率時，總免不了會提到股市，究竟兩者有什麼關聯？

　　關於這個問題，我用實際的圖片來為大家解釋。從下頁圖A-10我們可以看到，台股的走勢跟新臺幣兌美元匯率兩者的確有著某種關聯性：每一次台股巨大的起落都伴隨著匯率的波動。我們可以觀察到一個規律：當新臺幣持續貶值時，台股通常是一起向下走弱的；反之新臺幣持續升值時，台股則會出現明顯的長期上漲趨勢。

　　然而如果把這個觀察週期縮短，這個規則的準確性又變低了。台股跟新臺幣匯率的相對關係，除了在短期上會出現許多雜訊之外，更令人困惑的就是背後的成因了。

　　究竟是因為新臺幣貶值，外資為了擺脫新臺幣所以賣超台股；還是因為台股走弱，外資停損賣股，再將新臺幣換成美元打包走人使得新臺幣貶值。這兩個彷彿雞生蛋、蛋生雞的問題，由於金融環境極其複雜，並非只有匯率一個因素會影響台股，因此短期的判斷會失真。

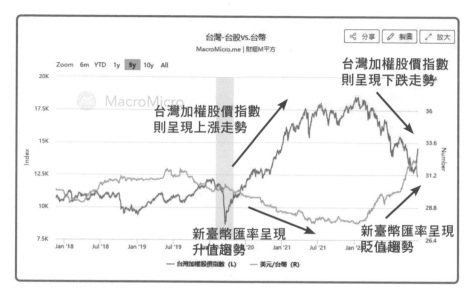

圖 A-10　台股與新臺幣匯率關係圖。
資料來源：財經 M 平方。

　　同時也因為複雜的因素，使得「究竟是台股牽動匯率，還是匯率牽動台股？」這個問題也沒有一定的答案。所以如果是做短線交易的朋友們，建議你別看著新臺幣匯率操作，以避免參考失真。

國家圖書館出版品預行編目（CIP）資料

做股票就像穿藍白拖：8年級操盤手的下單全圖
解，抽抽樂、季季配、吃喝玩樂，加上6字訣，
你下單的手再也不發抖。／藍白拖主力著 -- 初版 .
-- 臺北市：大是文化有限公司，2023.01
272 面；17 x 23 公分 . --（Biz；415）
ISBN 978-626-7192-65-8（平裝）

1. CST：股票投資　2. CST：投資技術
3. CST：投資分析

563.53　　　　　　　　　　　　111017490

Biz 415

做股票就像穿藍白拖

8 年級操盤手的下單全圖解，抽抽樂、季季配、吃喝玩樂，
加上 6 字訣，你下單的手再也不發抖。

作　　　者／藍白拖主力
責任編輯／蕭麗娟
校對編輯／宋方儀
美術編輯／林彥君
副總編輯／顏惠君
總　編　輯／吳依瑋
發　行　人／徐仲秋
會計助理／李秀娟
會　　　計／許鳳雪
版權主任／劉宗德
版權經理／郝麗珍
行銷企劃／徐千晴
行銷業務／李秀蕙
業務專員／馬絮盈、留婉茹
業務經理／林裕安
總　經　理／陳絜吾

出 版 者／大是文化有限公司
　　　　　臺北市 100 衡陽路 7 號 8 樓
　　　　　編輯部電話：（02）23757911
　　　　　購書相關諮詢請洽：（02）23757911 分機 122
　　　　　24 小時讀者服務傳真：（02）23756999
　　　　　讀者服務 E-mail：dscsms28@gmail.com
　　　　　郵政劃撥帳號：19983366　戶名：大是文化有限公司
法律顧問／永然聯合法律事務所
香港發行／豐達出版發行有限公司 Rich Publishing & Distribution Ltd
　　　　　地址：香港柴灣永泰道 70 號柴灣工業城第 2 期 1805 室
　　　　　　　　Unit 1805, Ph. 2, Chai Wan Ind City, 70 Wing Tai Rd,Chai Wan, Hong Kong
　　　　　電話：2172-6513　傳真：2172-4355
　　　　　E-mail：cary@subseasy.com.hk

封面設計／林雯瑛
內頁排版／Judy
印　　　刷／鴻霖印刷傳媒股份有限公司
出版日期／2023 年 1 月初版
定　　　價／新臺幣 420 元（缺頁或裝訂錯誤的書，請寄回更換）
I S B N／978-626-7192-65-8
電子書 ISBN／9786267192931（PDF）
　　　　　　9786267192948（EPUB）